Paul Oczenaschek

Technomusik, Festivals und die zugehörigen Marken

Entstehung und Entwicklungen

Diplomica® Verlag GmbH

Oczenaschek, Paul: Technomusik, Festivals und die zugehörigen Marken: Entstehung und Entwicklungen. Hamburg, Diplomica Verlag GmbH 2012

ISBN: 978-3-8428-8374-1
Druck: Diplomica® Verlag GmbH, Hamburg, 2012

Bibliografische Information der Deutschen Nationalbibliothek:
Die Deutsche Nationalbibliothek verzeichnet diese Publikation in der Deutschen Nationalbibliografie; detaillierte bibliografische Daten sind im Internet über http://dnb.d-nb.de abrufbar.

Die digitale Ausgabe (eBook-Ausgabe) dieses Titels trägt die ISBN 978-3-8428-3374-6 und kann über den Handel oder den Verlag bezogen werden.

Dieses Werk ist urheberrechtlich geschützt. Die dadurch begründeten Rechte, insbesondere die der Übersetzung, des Nachdrucks, des Vortrags, der Entnahme von Abbildungen und Tabellen, der Funksendung, der Mikroverfilmung oder der Vervielfältigung auf anderen Wegen und der Speicherung in Datenverarbeitungsanlagen, bleiben, auch bei nur auszugsweiser Verwertung, vorbehalten. Eine Vervielfältigung dieses Werkes oder von Teilen dieses Werkes ist auch im Einzelfall nur in den Grenzen der gesetzlichen Bestimmungen des Urheberrechtsgesetzes der Bundesrepublik Deutschland in der jeweils geltenden Fassung zulässig. Sie ist grundsätzlich vergütungspflichtig. Zuwiderhandlungen unterliegen den Strafbestimmungen des Urheberrechtes.

Die Wiedergabe von Gebrauchsnamen, Handelsnamen, Warenbezeichnungen usw. in diesem Werk berechtigt auch ohne besondere Kennzeichnung nicht zu der Annahme, dass solche Namen im Sinne der Warenzeichen- und Markenschutz-Gesetzgebung als frei zu betrachten wären und daher von jedermann benutzt werden dürften.

Die Informationen in diesem Werk wurden mit Sorgfalt erarbeitet. Dennoch können Fehler nicht vollständig ausgeschlossen werden, und der Diplomica Verlag, die Autoren oder Übersetzer übernehmen keine juristische Verantwortung oder irgendeine Haftung für evtl. verbliebene fehlerhafte Angaben und deren Folgen.

© Diplomica Verlag GmbH
http://www.diplomica-verlag.de, Hamburg 2012
Printed in Germany

Inhaltsverzeichnis

Seite

    Abbildungsverzeichnis 8

    Tabellenverzeichnis 9

    Abkürzungsverzeichnis 10

1 Problemstellung 11

2 Marke 13
    2.1 Definition 13
    2.2 Markenführung 13
        2.2.1 Markenführungsprozess 13
        2.2.2 Markenidentität 14
        2.2.3 Markenpositionierung 14
        2.2.4 Markenimage 15
    2.3 Die Musikmarke 16

3 Elektronische Musiklabels & Veranstaltungen 17
    3.1 Entstehung der elektronischen Musik (House & Techno) 17
    3.2 Zielgruppe 18
        3.2.1 Zielgruppenbildung & -wandel 18
        3.2.2 Jugendkulturen 19
    3.3 Musikmarktsystem 20
    3.4 Entstehung und Bestandteile von elektronischen Musiklabels 21
        3.4.1 Kulturelle Gegebenheiten 21
        3.4.2 Strukturelle Gegebenheiten 22
        3.4.3 Strategiepyramide der Musikmarkenführung 23
    3.5 Die Stellung des deutschen Musikmarktes 25
    3.6 Die Stellung der elektronischen Musik 29
    3.7 Vermarktung des Medienangebots 30
    3.8 Elektronische Marken 32
        3.8.1 Marken & deren Wandel 32
        3.8.2 Markenwert & Image 33
    3.9 Kultur- & Kreativwirtschaft 34
        3.9.1 Definition und Entwicklung 34
        3.9.2 Artistis 35
        3.9.3 Immaterielle Vermögensgegenstände 36

4 Events 39
4.1 Entstehung und Basis von Events 39
4.2 Elektronische Musikevents 39
4.2.1 Grundlagen 39
4.2.2 Locations – Flucht aus dem Alltag 40
4.2.2.1 Entstehung der Clubkultur 40
4.2.2.2 Diskothek 40
4.2.2.3 Festivals und Open-Airs 41
4.2.3 Aushängeschilder des Techno 43
4.2.4 Die angesprochene Szene 44
4.2.4.1 Das Modell von Zentner & Heinzlmaier 44
4.2.4.2 Das Modell von Hitzler, Bucher und Niederbacher 45
4.2.4.3 Die Rollentheorie 46
4.3 Bedeutung für die Marke 47
4.3.1 Wirtschaftlichkeit 47
4.3.2 Emotionen durch Musik 48

5 Beziehung zwischen Marken und Events 51
5.1 Promotion 51
5.2 Das Event (Label) als Marke 52
5.2.1 Funktionen der Marke auf Events 52
5.2.2 Einfluss von Events auf die Marke 53
5.2.3 Visualisierung der Musikmarke 54
5.2.4 Die angewandte Technologie 55
5.3 Die Marke als Erlebnis 56
5.4 Merchandising 56
5.5 Eventmarketing 57
5.5.1 Grundlagen 57
5.5.2 Typische Merkmale von Eventmarketing 58
5.5.3 Ziele 59
5.6 Phasen des Entscheidungsprozesses der Kulturmarketing-Konzeption 59
5.6.1 Aufgaben 59
5.6.2 Komponenten 59
5.6.3 Wettbewerb 61
5.7 Sponsoring 61
5.8 Beziehungsmarketing & Kundenbindung 62

6	Entwicklungsmöglichkeiten	65
	6.1 Marketingstrategien	65
	6.2 Marketingmix	66
	6.2.1 Produktpolitik	66
	6.2.2 Distributionspolitik	66
	6.2.3 Preispolitik	67
	6.2.4 Kommunikationspolitik	67
	6.3 Entwicklungsmöglichkeiten am Beispiel der Stadt Berlin	68
7	Résumé	71
	Anhang	73
	Literaturverzeichnis	83

Abbildungsverzeichnis

Seite

Abb. 1: Das Musikmarktsystem — 21
Abb. 2: Die Plattenfirma — 23
Abb. 3: Das 4C - Basismodell — 24
Abb. 4: Die Strategiepyramide der Musikmarkenführung — 25
Abb. 5: Die internationale Gesamtmarktentwicklung der digitalen Märkte — 26
Abb. 6: Der Gesamtumsatz des Tonträgermarktes in Deutschland — 27
Abb. 7: Die Entwicklung der Musikwirtschaft — 29
Abb. 8: Die Umsätze der Kultur- & Kreativwirtschaft — 35
Abb. 9: Die Gründungsjahre der Festivals in Deutschland — 43
Abb. 10: Das Szenemodell von Zentner & Heinzlmaier — 45
Abb. 11: Das Szenemodell von Hitzler, Bucher & Niederbacher — 46
Abb. 12: Die fünf Hauptsinne unserer Wahrnehmung — 49
Abb. 13: Die S-O-R Modelle — 50
Abb. 14: Die Besuchermotivationen — 53
Abb. 15: Die Erlebnissphären — 54
Abb. 16: Die Konsumenten-Fan Pyramide — 64

Tabellenverzeichnis

Seite

Tab. 1: Die bevorzugten Musikrichtungen nach Altersgruppen 19

Tab. 2: Die Umsatzanteile der Repertoirekategorien auf dem Tonträgermarkt 30

Tab. 3: Die Umsatzanteile der Handelsformen am Musikverkauf 32

Abkürzungsverzeichnis

a. a. O.	am angegebenen Ort
bspw.	beispielsweise
bzw.	beziehungsweise
ca.	circa
CD	Compact Disc
DJ	Disc-Jockey
dt.	deutsch
etc.	et cetera
evtl.	eventuell
ff	fortfolgende(r)(s)
GEMA	Gesellschaft für musikalische Aufführungs- und Vervielfältigungsrechte
S.	Seite(n)
USP	engl.: unique selling proposition
V.I.P.	engl.: Very Important Person
vgl.	vergleiche

1 Problemstellung

Der Besuch diverser Musikveranstaltungen hat im Laufe der Zeit in mir die Frage geweckt, warum bestimmte Veranstaltungen dauerhaft bestehen, während andere nach einmaliger Durchführung vom Markt verschwinden. Klar ist mir bislang, dass heutige Musiklabels und Musikveranstaltungen der elektronischen Musik entscheidende Eigenschaften einer trendigen Marke aufweisen. Veranstaltungen wie Festivals oder elektronische Musikkonzerte, die unter einem bestimmten Namen durchgeführt werden, nehmen Einfluss auf die vom Konsumenten wahrgenommene Marke und bilden somit die Grundlage für die Bildung eines Images.

Dieser Grundgedanke soll durch die vorliegende Arbeit führen. Es soll genauestens untersucht werden, wie die markenführenden Unternehmen nach Ihrer Entstehung Einfluss auf Ihre Markenstellung nehmen können, wie deren Musikevents auf den Konsumenten wirken, warum sie im Gedächtnis bleiben und welche Möglichkeiten bestehen, die Labels als Marke in der Bekanntheit und des Images weiter zu fördern. Dabei werden die Bedeutungen und die Beziehungen zwischen Events und Musikmarken geschildert und analysiert. Warum kommt es zu einer Marke? Warum nehmen elektronische Tanzveranstaltungen Einfluss auf die Wahrnehmung des Konsumenten der Marke und somit auf die Identifizierung mit ihr? Geklärt werden muss, warum die gesamte Musikindustrie von einer Krise der Musikbranche spricht. Wo liegen die Gründe und wie kann man in Zukunft eine Krise verhindern oder zumindest eine Schwächung herbeiführen? Unter einer Musikmarke wird in der gesamten Arbeit das Produkt einer Unternehmung oder einer Person verstanden, dass in gleichem Name umworben und veranstaltet wird. Dabei spielt es keine Rolle, ob das Produkt, also die Veranstaltung, unter dem Name des Unternehmens oder einem anderen Name durchgeführt wird.

Um Informationen von Personen zu erhalten, die sich im Bereich der elektronischen Musik auskennen, habe ich mich entschieden einen lokal bekannten DJ und einen szenebegeisterten Liebhaber der elektronischen Musik zu interviewen. Diese Personen können Ansichten aus dem Geschehen heraus vermitteln und somit die theoretischen Punkte mit Praxisbeispielen erklären.

Den Hauptteil der Arbeit werde ich in der Reihenfolge aufbauen, die eine neue Marke am Markt chronologisch zu durchlaufen hat. Beginnen werde ich mit der allgemeinen Definition einer Marke, um zu erläutern, was eine Marke mit sich bringen muss und wie diese am Markt bestehen bleibt. Daraufhin lässt sich erklären, wie sich eine Musikmarke auszeichnet. Im nächsten großen Bereich gilt dann zu klären, was es mit den Musiklabels und deren Veranstaltungen der elektronischen Musik auf sich hat. Wie entstanden sie und wie kam es eigentlich zur elektronischen Musik? Dabei müssen unter anderem die Zielgruppen und deren Jugendkulturen betrachtet werden, die durch ihr Vorhandensein Einfluss auf die Entwicklung nehmen. Die elektronischen Marken unterliegen mit ihrem Wert und ihrem Image einem Wandel, der daraufhin erläutert wird. Der Wandel findet zudem in der Wirtschaft statt. Ein bestimmter Teil wird als Kultur- und Kreativwirtschaft bezeichnet. Die Frage ist dann, wie sich dieser Bereich in den letzten Jahren entwickelt hat und welche Rolle genau die Musik spielt. Nachdem die Marke und deren Veranstaltungen erläutert wurden, folgt im nächsten Schritt die Betrachtung der eigentlichen Events. Seit wann gibt es Events und warum gibt es sie überhaupt? Zudem werden Fragen nach spezifischen Veranstaltungen der Techno Musik beantwortet und verschiedene Szenemodelle vorgestellt. Jede Person, die eine Veranstaltung besucht, macht dies aus bestimmten Gründen. Warum, soll hier geklärt werden, um dann auf die Beziehung zwischen Marken und Events einzugehen. Auch hier gibt es verschiedene Gründe, warum Events als Marke angesehen werden und warum Veranstaltungen immer wieder besucht werden. Bestimmte Einflüsse des Kulturmarketings spielen hier eine Rolle, ebenso wie die Medien und andere zu bestimmende Faktoren. Die genaue Einflussnahme wird in diesem Punkt geschildert. Schließlich muss betrachtet werden, wie es in Zukunft mit den Marken und deren Events weiter geht. Kann ein geeigneter Marketing-Mix die Marken am Leben erhalten, und wenn ja, wie?

2 Marke

2.1 Definition

Im Titel der Arbeit befindet sich das Wort ‚Marke'. Doch was ist eine Marke überhaupt?
Im Laufe der Zeit und aufgrund unterschiedlicher Entwicklungen der verschiedensten Märkte haben sich differenzierte Definitionen gebildet. Um zunächst allgemein den Begriff zu definieren, soll nach Heribert Meffert die Marke als ein

> „in der Psyche des Konsumenten verankertes, unverwechselbares Vorstellungsbild von einem Produkt oder einer Dienstleistung beschrieben werden. Die zugrunde liegende markierte Leistung wird dabei einem möglichst großen Absatzraum über einen längeren Zeitraum in gleichartigem Auftritt und in gleich bleibender oder verbesserter Qualität angeboten"[1]

Diese, wie auch fast jede andere Definition lässt darauf schließen, dass das Marketing für die Positionierung der Marke entscheidend ist. Unter dem Begriff ‚Marke' wird der Name der Marke, der Begriff, ein Zeichen oder Symbol, eine Gestaltungsform oder eine Kombination aus alledem verstanden. Dabei kann es sich um eine Produktmarke oder eine Dienstleistungsmarke handeln. Mit Hilfe von ihr lassen sich Konkurrenzangebote analysieren und differenzieren. Wenn ein Kunde auf eine Marke zugreift, dann folgt dies aufgrund der gewollten Minimierung des Kaufrisikos, denn Marken geben den Marktteilnehmern eine Orientierungs- und Ordnungsfunktion. Nebenbei spielen beim Kauf soziale Aspekte, insbesondere das Verlangen nach Prestige und sozialer Identität eine Rolle.[2]

Zudem dient die Marke auf der Seite des Kunden als Bezugsobjekt für den Aufbau der Beziehung zwischen Marke und Konsumenten. Bei dem Aufbau ist den Kunden jedoch teilweise nicht bewusst, wer hinter der Leistung der Marke steht.[3]

2.2 Markenführung

2.2.1 Markenführungsprozess

Damit sich eine Marke am Markt profilieren kann, muss sich diese von bereits am Markt bestehenden Marken unterscheiden. Die Nachfrager sollen „aufgrund ihrer Zufriedenheit und ihrer gefühlsmäßigen Verbundenheit"[4] auf die Marke zurückgreifen. Eine hohe Kundenbindung führt so zur Risikoreduktion des Finanzbereichs und letztendlich durch die Steigerung des ökonomischen Markenwerts zur Wertsteigerung des Unternehmens. Die Verbundenheit zur Marke schafft man durch das so genannte

---

1 Meffert, Heribert: Marketing. Grundlagen marktorientierter Unternehmensführung. Konzepte – Instrumente – Praxisbeispiele, 9. Auflage, Wiesbaden: Betriebswirtschaftlicher Verlag Dr. Th. Gabler 2000, S. 847.

2 Vgl. Büttner, André; van der Ree, Ivo: Event- und Szenemarketing. Hintergründe, Strategien und Perspektiven, Berlin: VDM Verlag Dr. Müller e. K. 2005, S. 108f.

3 Vgl. Meffert, Heribert; Burmann, Christoph; Kirchgeorg, Manfred: Marketing. Grundlagen marktorientierter Unternehmensführung. Konzepte – Instrumente – Praxisbeispiele, 10., vollständig überarbeitete und erweiterte Auflage, Wiesbaden: Betriebswirtschaftlicher Verlag Dr. Th. Gabler 2008, S. 73.

4 Meffert, Heribert; Burmann, Christoph; Kirchgeorg, Manfred: Marketing. Grundlagen marktorientierter Unternehmensführung. Konzepte – Instrumente – Praxisbeispiele, a. a. O., S. 352.

‚added value'.⁵ „Dieser Mehrwert ist das Ergebnis eines vom Nachfrager vollzogenen Vergleichs zu einem konkurrierenden markenlosen Angebot, welches dieselben Basisbedürfnisse erfüllt."⁶

2.2.2 Markenidentität

Der Markenführungsprozess untergliedert sich in verschiedene Aufgabengebiete, die es zum Teil vor Markteintritt zu bearbeiten gilt. Bei Betrachtung der Markenidentität handelt es sich zumeist um die Bestimmung der Eigenschaften der Marke, welche das Fundament aller strategischen und operativen Markenentscheidungen bildet. Diese können in formale, marketingrelevante und psychologisch orientierte Merkmale differenziert werden.⁷
So besteht „die vorrangige Aufgabe der Markenführung (...) darin, eine klare Markenidentität zu entwickeln und diese wirksam bei allen Anspruchsgruppen umzusetzen. Die Markenidentität bringt zum Ausdruck, wofür eine Marke stehen soll."⁸

> „Während das Selbstbild der Markenidentität im Unternehmen aktiv entwickelt und definiert wird, wie die Marke aus interner Sicht nach draußen auftreten soll, konstituiert sich das Fremdbild erst langfristig in den Köpfen der Konsumenten und verankert sich dort als Marke."⁹

Für die Bildung der Persönlichkeit der Marke spielen somit das schaffende Unternehmen, sowie die Konsumenten eine Rolle.

2.2.3 Markenpositionierung

Nachdem das Selbstbild vom Unternehmen erstellt wurde, stellt sich die Frage nach der angestrebten Positionierung.

> „Unter Markenpositionierung versteht man die Abgrenzung der eigenen Marke von Konkurrenzmarken. Die gewählten Positionierungseigenschaften müssen dabei den Wünschen und Bedürfnissen der Konsumenten entsprechen und sich so von der Konkurrenz unterscheiden, dass der Konsument ein eigenständiges und unverwechselbares Profil der Marke gewinnt."¹⁰

Ziel ist es, dass sich die subjektive Wahrnehmung der Marke aus Sicht der Konsumenten von anderen Marken klar unterscheidet. Dies kann durch die Besetzung einer aus Kundensicht vorhandenen Marktlücke, aber auch durch die Schaffung eines Zusatznutzens für den Konsument entstehen. Eine weitere Möglichkeit wäre es, eine Unique Selling Proposition (USP) des angebotenen Produktes oder der angebotenen Dienstleistung zu erreichen: also ein Produkt mit einem Alleinstellungsmerkmal, mit welchem sich das Produkt oder die Dienstleistung klar von allen anderen Angeboten unterscheidet. Vorab müssen jedoch die Positionierungsziele im emotionalen und/oder sachorientierten Bereich festgelegt werden. Diese orientieren sich wiederum am

---

5 Vgl. Meffert, Heribert; Burmann, Christoph; Kirchgeorg, Manfred: Marketing. Grundlagen marktorientierter Unternehmensführung. Konzepte – Instrumente – Praxisbeispiele, a. a. O., S. 351ff.

6 Meffert, Heribert; Burmann, Christoph; Kirchgeorg, Manfred: Marketing. Grundlagen marktorientierter Unternehmensführung. Konzepte – Instrumente – Praxisbeispiele, a. a. O., S. 354.

7 Vgl. Adjouri, Nicholas: Die Marke als Botschafter, Wiesbaden: Betriebswirtschaftlicher Verlag Dr. Th. Gabler GmbH 2002, S. 89ff.

8 Messing, Christoph; Kilian Karsten: Markenidentität, Positionierung und Image, Arbeitspapier 403, www.markenlexikon.com, 2004, S. 5.

9 Engh, Marcel: Popstars als Marke. Identitätsorientiertes Markenmanagement für die musikindustrielle Künstlerentwicklung und- vermarktung, Wiesbaden: Deutscher Universitäts-Verlag 2006, S. 92.

10 Messing, Christoph; Kilian Karsten: Markenidentität, Positionierung und Image, Arbeitspapier 403, www.markenlexikon.com, 2004, S. 7.

Involvement der Zielgruppe. Das Involvement bestimmt letztendlich auch das Engagement mit welchem sich die Zielpersonen an das Angebot wenden. Wenn die Marke für die entsprechende Zielgruppe korrekt positioniert wurde, folgt von dieser eine hohe Beteiligung am Markengeschehen und es entsteht dadurch ein strategischer Wettbewerbsvorteil gegenüber Konkurrenten.[11]

Die Positionierung einer Marke ist immer ein strategisches Thema und benötigt daher von der Umsetzung bis hin zur Wahrnehmung eine gewisse Zeit. Das Oberziel wird mit Hilfe von taktischen Einzelmaßnahmen, die der Markenpolitik angepasst werden, unterstützt. Dabei spielen gerade unscheinbare psychologische Kriterien vermehrt eine Rolle. Selbst bei Produktmarken wünscht der Kunde verstärkt ein erlebnisorientiertes Angebot, welches sich an psychologischen Kriterien wie Spannung oder Nervenkitzel orientiert.[12]

2.2.4 Markenimage

Der Aufbau eines Markenimages, als Teil des Markenführungsprozesses, unterstützt das Ziel einen verspürten Mehrwert beim Kunden zu erreichen. „Voraussetzung für ein Image ist natürlich die Markenbekanntheit".[13] Markenimage steht für die „Wahrnehmung der Marke beim Nachfrager"[14] und die dazugehörige Einstellung der Konsumenten zu einer Marke. Mit ihrer Einstellung zeigen die Individuen, ob sie positiv oder negativ zur Marke stehen. Diese Einstellung entsteht durch die Bildung von Überzeugungen, Vorurteilen oder Meinungen anhand von stetigen Lernprozessen & Erfahrungen. Diese können sowohl positiv als auch negativ sein.[15]

Eine Marke, egal welcher Art dient häufig als Imageträger für die Selbstdarstellung und –verwirklichung des Verbrauchers. Das Markenimage kann das Gesamtbild einer Person repräsentieren. Dabei handelt es sich um eine Repräsentation der Marke, die hauptsächlich durch Gefühle geprägt wird. Grundlage für diese Gefühle stellt das Wissen über eine Marke. Die Verbreitung des Wissens ist die Aufgabe der Marketingkommunikation. Dort unterscheidet man die drei folgenden Komponenten, die auf das Wissen der Konsumenten über die Marke Einfluss nehmen:[16]

> *„Affektive Komponente*
> Sie enthält die mit der Einstellung verbundene gefühlsmäßige Einschätzung eines Objekts.
>
> *Kognitive Komponente*
> Sie beinhaltet die mit einer Einstellung verbundenen Gedanken (subjektives Wissen) über das Einstellungsobjekt.

---

11 Vgl. Messing, Christoph; Kilian Karsten: Markenidentität, Positionierung und Image, Arbeitspapier 403, www.markenlexikon.com, 2004, S. 7ff.

12 Vgl. Büttner, André; van der Ree, Ivo: Event- und Szenemarketing. Hintergründe, Strategien und Perspektiven, a. a. O., S. 102ff.

13 Schürig, Henning: Markenidentität und Markenarchitektur, Online im Internet: http://www.henningschuerig.de/blog/2008/04/13/markenidentitaet-und-markenarchitektur/, 10.04.2008.

14 Meffert, Heribert; Burmann, Christoph; Kirchgeorg, Manfred: Marketing. Grundlagen marktorientierter Unternehmensführung. Konzepte – Instrumente – Praxisbeispiele, a. a. O., S. 359.

15 Vgl. Meffert, Heribert; Burmann, Christoph; Kirchgeorg, Manfred: Marketing. Grundlagen marktorientierter Unternehmensführung. Konzepte – Instrumente – Praxisbeispiele, a. a. O., S. 121f.

16 Vgl. Büttner, André; van der Ree, Ivo: Event- und Szenemarketing. Hintergründe, Strategien und Perspektiven, a. a. O., S. 109.

Konative Komponente
Sie bezeichnet eine mit der Einstellung verbundene Handlungstendenz (Verhaltensabsicht, Kaufbereitschaft)."[17]

Die verschiedenen Informationen über die Marke werden vom Rezipienten aufgenommen und dienen als Schlüsselreize für das Image. So führt besonders das Bedürfnis nach sozialer Identität dazu, dass bestimmte Marken innerhalb einer ‚Kennerschaft' aus gewissem Prestige konsumiert werden oder der Konsum aufgrund der Erkennung von ‚kleinen Unterschieden' stattfindet. Die Marke dient somit, wie bereits erwähnt, häufig der Selbstdarstellung und –inszenierung ihrer Verwender.[18]

Im Bezug auf Musikveranstaltungen von Marken bedeutet dies, dass durch das Auftreten der Marke auf einem Event Gefühle der Konsumenten erzeugt werden. Dies geschieht durch die Gestaltung der Location, ebenso wie durch Lichteffekte und die Musik an sich. Diese Einflüsse können sowohl positive als auch negative Einstellungen verursachen. Alle Einstellungen zusammen bilden das Image und entscheiden somit darüber, ob die Wahrscheinlichkeit eines weiteren Besuchs realistisch erscheint.[19]

2.3 Die Musikmarke

Nach der Aufteilung des Kommerziellen Marketings nach Meffert handelt es sich bei einer Musikmarke um eine Profit-Organisation, welche Dienstleistungen oder Konsumgüter anbietet. Doch Dienstleistungen in Form von Events oder Partyreihen kommen erst durch das Aufeinandertreffen des Leistungserbringers und des Leistungsempfängers zustande und weisen die folgenden Besonderheiten gegenüber Sachgütern auf: Sie sind immaterielle Leistungen, da die Veranstaltung als Ganzes oder die Musik an sich nicht materialistisch betrachtet werden kann. Ferner wird die Leistungsfähigkeit in Form von personeller, sachlicher oder immaterieller Ressourcen durch das Know-how des Unternehmens produziert und schließlich bereitgestellt. Schließlich wird die Dienstleistung durch die Integration eines externen Faktors hergestellt. Dieser Faktor sind beispielsweise die Schallplatten eines DJs zum Spielen der Musik auf einem Event oder die Einbringung der Stimmung der Besucher einer Tanzveranstaltung. Neben Dienstleistungen bieten musikproduzierende Unternehmen hauptsächlich materielle Dienstleistungen in Form von Gebrauchsgütern, wie zum Beispiel CDs oder Merchandise Artikel, an.[20]

Für die weitere Begriffsbedeutung kann eine Musikmarke eine Veranstaltung(-sreihe) eines Musiklabels oder eines anderweitig tätigen Unternehmens sein. So stellt ein jährlich unter gleichem Name durchgeführtes Musikfestival ebenfalls eine Marke dar, wie eine einmalige Party, die unter dem Name eines Labels durchgeführt wird. Entscheidend ist, dass eine hier betrachtete Musikmarke mit seinem gesamten Angebot immer unter einem Namen am Markt auftritt.

---

17 Meffert, Heribert; Burmann, Christoph; Kirchgeorg, Manfred: Marketing. Grundlagen marktorientierter Unternehmensführung. Konzepte – Instrumente – Praxisbeispiele, a. a. O., S. 122.

18 Vgl. Büttner, André; van der Ree, Ivo: Event- und Szenemarketing. Hintergründe, Strategien und Perspektiven, a. a. O., S. 109f.

19 Eigene Darstellung.

20 Vgl. Meffert, Heribert; Burmann, Christoph; Kirchgeorg, Manfred: Marketing. Grundlagen marktorientierter Unternehmensführung. Konzepte – Instrumente – Praxisbeispiele, a. a. O., S. 29ff.

3 Elektronische Musiklabels & Veranstaltungen

3.1 Entstehung der elektronischen Musik (House & Techno)

Neben der Marke, geht es im Titel der Arbeit um Tanzveranstaltungen der elektronischen Musik. Auf der Suche nach deren Entstehung stößt man zwangsweise auf den Namen der deutschen Musikgruppe ‚Kraftwerk'. Sie produzierten als erste Popgruppe andere Musik, als die, die es in den 70er Jahren auf dem Markt zu kaufen gab. 1974 landeten sie so in den Staaten ihren ersten Hit mit dem Titel ‚Autobahn'. Die Menschen waren davon fasziniert, dass eine Band ohne herkömmliche Instrumente auf der Bühne erscheint und nur durch das Drehen von Knöpfen geplante Tonspuren entstehen.[21]

Die Entwicklung der elektronischen Musik verlief daraufhin auf zwei Gleisen. Es entwickelte sich die Bezeichnung ‚Techno' und ‚House'.
Der Begriff Techno, der heutzutage im Volksmund die gesamte elektronische Musik bezeichnet, wurde zum ersten Mal im Jahre 1988 genannt. Er entwickelte sich in der Stadt Detroit weitestgehend durch Einflüsse von neuartiger Technik wie analogen Synthesizern[22] oder Drumcomputern[23]. Zu Tonspuren der Geräte mischte man europäischen Industrial-Pop und schwarzen US-amerikanischen ‚Garage'. Der so geborene Detroit-Techno erfuhr mit der Zeit immer höhere Beliebtheit.[24]

Zeitgleich entstand in Chicago, also nur wenige Kilometer entfernt, die so genannte House-Szene. Sie entwickelte sich aus der Diskobewegung der 70er Jahre unter anderem in leerstehenden Lagerhallen. Der Schwerpunkt dieses Musikstils war das Mischen von Funk- & Soultiteln mit Dancetiteln, bspw. der Gruppe Kraftwerk. Die englische Bezeichnung für Lagerhalle ist ‚Warehouse'. Ein gleichnamiger Club in der Stadt spielte als erstes die neue Musik, weshalb sich die Bezeichnung ‚House' etablierte.[25]

Oft wurden und werden die Begriffe House und Techno gleichermaßen verwendet. Jedoch besteht aufgrund der differenzierten Entwicklung kein direkter Zusammenhang. Der Grund liegt in der Ähnlichkeit der Musik und der Verwandtschaft der Szenen.[26]

In Europa fand die neue Musik vorerst im subkulturellen Milieu Anklang. Vor allem in der Schwulenszene erwies sich die neue Musik als besonders beliebt. Der Einfluss beider Musikstile führte in ganz Deutschland zu einer neuen musikalischen Bewegung.[27]

Im Jahr 1989 spielten die ersten großen Clubs die neue Musik und mit der Veranstaltung der Loveparade in Berlin wurde die Musik zum Massenprodukt. Es entwickelten sich Szene-Läden wie das Frankfurter Omen oder der Berliner Tresor Club. DJ Größen wie Sven Väth oder Westbam wurden geboren und sind auch heute noch mit Ihrer Musik in aller Munde. Höhepunkt erreichte die Szene 1997, als die

---

21 Vgl. laut.de Redaktion: laut.de-Biografie Kraftwerk, Online im Internet: http://www.laut.de/Kraftwerk, 13.10.2011.

22 Ein Synthesizer ist ein Musikinstrument, das auf elektronischem Weg durch Klangsynthese Töne erzeugt.

23 Ein Drumcomputer ist ein elektronisches Instrument zur Erzeugung von perkussiven Klängen.

24 Vgl. Fries, Joachim: Techno und Konsum – Chancen der bedeutendsten Jugendbewegung der neunziger Jahre für das Marketing, Frankfurt: Forschungsgruppe Konsum und Verhalten 1996, S. 4f.

25 Vgl. Büttner, André; van der Ree, Ivo: Event- und Szenemarketing. Hintergründe, Strategien und Perspektiven, a. a. O., S. 53.

26 Vgl. Büttner, André; van der Ree, Ivo: Event- und Szenemarketing. Hintergründe, Strategien und Perspektiven, a. a. O., S. 53f.

27 Vgl. Klein, Gabriele: Electronic Vibration. Pop Kultur Theorie, Wiesbaden: Verlag für Sozialwissenschaften 2004, S. 122.

Loveparade mit rund 1,5 Millionen Besuchern zum größten stattfindenden Event der Welt ernannt wurde.[28]

3.2 Zielgruppe

3.2.1 Zielgruppenbildung & -wandel

Wie im Jahr 1997, besuchten bereits Anfang der 90er Jahre Personen aller Altersklassen und sozialer Schichten organisierte elektronische Tanzveranstaltungen. Es waren Personen, die anders sein und dadurch auffallen wollten.
Die heutige Zielgruppe der Musik erstreckt sich hauptsächlich auf die ca. 16-Ende 20-jährigen Personen. Jedoch bestätigen hier Ausnahmen die Regel, sodass auch Menschen mit Mitte 50 eine Techno-Veranstaltung besuchen.[29] Anzutreffen sind auf den Veranstaltungen, Personen aller sozialer Schichten. Techno ist und war nie nur etwas für die Reichen und Schönen oder das Gegenteil davon. Nicht jeder kann es sich jedoch leisten, zum Feiern auf die europäische Metropole des Techno, nach Ibiza, zu fliegen. Es ist somit schwer zu sagen, ob eine alleinige Altersgruppe von der elektronischen Musik angesprochen wird und welche sozialen Schichten hauptsächlich elektronische Musik konsumieren.[30]

Die angesprochenen Zielgruppen muss man jedoch nach Großveranstaltungen, wie z.B. der Nature One oder der Mayday und dem wöchentlichen Clubbetrieb unterscheiden. Während auf den Großveranstaltungen Personen, die als Eltern einiger Besucher durchgehen könnten, als Drogenfahnder, Sozialarbeiter oder gar ‚Zivilbulle' gefürchtet werden, fallen sie am Wochenende in ihren Stammclubs nicht auf. Der Grund liegt in der Zielgruppe, die mit der jeweiligen Veranstaltung angesprochen werden soll. Die Großveranstaltungen freuen sich über jeden zahlenden Besucher und selektieren daher kaum, wenn überhaupt. Beim normalen Clubbetrieb hingegen wird genau darauf geachtet, wer den Club betreten darf. Hier fallen allein durch das oft intern festgesetzte Mindestalter viele Besucher der Großveranstaltungen durch das Raster.[31]

Statistisch gesehen nimmt der Konsum von Techno & House mit steigendem Alter kontinuierlich ab. Während mit 14-19 Jahren noch knapp 61% der Jugendlichen gerne diese Musik hören, sind es im Alter von 20-29 Jahren nur noch knapp 51%. Weitere zehn Jahre später nur noch rund 24%. Die elektronische Musik scheint demnach speziell für die junge Generation interessant zu sein.

---

28   Vgl. Klein, Gabriele: Electronic Vibration. Pop Kultur Theorie, a. a. O., S. 36.
29   Vgl. Reuter, Tim: Interview Anhang 2, S. XIII.
30   Vgl. Klein, Gabriele: Electronic Vibration. Pop Kultur Theorie, a. a. O., S. 69f.
31   Vgl. Klein, Gabriele: Electronic Vibration. Pop Kultur Theorie, a. a. O., S. 65f.

höre ich sehr gern/auch noch gern	Altersgruppen						
	14-19	20-29	30-39	40-49	50-59	60-69	70+
	in %						
Oldies, Evergreens	27,1	47,1	62,6	76,1	87,1	88,6	82,1
Deutsche Schlager	16,6	28,0	41,0	48,7	66,0	79,6	82,0
Volksmusik, Blasmusik	4,5	4,5	10,2	15,5	30,9	51,8	73,8
Tanzmusik	26,5	32,3	36,7	42,7	55,6	64,4	62,2
Jazz	18,8	23,7	27,2	29,2	32,3	31,7	20,3
Dt. Rock- und Popmusik	77,1	78,5	79,8	78,6	67,1	40,7	17,8
Engl. Rock- und Popmusik	87,3	89,6	87,6	83,9	64,7	32,2	8,0
Dance, Hip Hop, Rap	69,3	58,4	34,4	22,1	11,3	3,5	1,2
Techno, House	60,9	50,6	24,3	13,6	5,3	1,5	0,9
Hardrock, Heavy Metal	44,9	43,3	33,8	25,4	13,8	3,4	0,9
Blues, Spirituals, Gospels	19,2	25,8	34,5	38,8	42,8	40,4	28,2
Chansons	6,2	11,6	20,1	24,4	41,1	44,3	37,5
Musicals	29,3	35,8	45,2	49,1	57,9	59,1	52,1
Oper, Operette, Gesang	5,9	8,6	16,7	20,9	37,1	50,5	55,0
Klassik, Konzerte, Sinfonien	11,9	16,9	26,9	30,3	40,3	48,0	50,6

Tab. 1: Die bevorzugten Musikrichtungen nach Altersgruppen[32]

3.2.2 Jugendkulturen

Im Untergrund hat sich Techno, lange bevor die große Presse die Musik erreicht hat, ein Selbstbild geformt. Im Jahr 1989 veröffentlichte das Unternehmen ‚Frontpage' ein gleichnamiges Magazin über elektronische Musik, vorerst als Beilage zum Dance-Magazin ‚Network Press' im zweimonatigen Rhythmus. Die Auflage betrug 5.000 Exemplare bei acht schwarz-weiß gedruckten A5-Seiten. Sechs Jahre später betrug die Auflage des mittlerweile selbstständigen Magazins 100.000 Stück pro Monat. Zwei Jahre später meldete das Unternehmen Konkurs an. Ein Zeichen für den Hype der Musik in den 90er Jahren.[33]

Während dieser Zeit wurde die Jugend häufig in den Fokus der Veränderung gestellt. So wurde die damalige Jugend mit den verschiedensten Punkten kritisiert. Teilweise negativ. Sie wurde beispielsweise als ‚Medienjugend' bezeichnet und ihr wurde eine zunehmende wirtschaftliche Abhängigkeit von der Familie, bei gleichzeitiger frühzeitigerer Loslösung, vorgeworfen. Ihr wurde eine gewachsene sozialisierende Kraft von Musik und Mode zugeteilt, aber auch die frühere Sexualtätigkeit und eine Aufwertung der Mutter-Rolle, bei gleichzeitiger Abwertung der Vater-Rolle. Als Grund wurde zu dieser Zeit der allgemeine Strukturwandel in der sich stark verändernden Gesellschafft angegeben.

Jugendkulturen werden daher immer bestimmten Lebensstilen zugeordnet. Diese dienen dazu, sich im Alltag als ein Teil einer Kultur zuzuordnen und dadurch soziale Anerkennung entweder für die gesamte Gruppe oder für das Individuum zu erhalten. Zudem soll der Lebensstil eine eigene Identität schaffen. Die einzelnen Lebensstile der Jugendkulturen unterscheiden sich nach der Art der Kleidung, durch sprachliche Codes, die Schaffung sozialer Netze, spezifische Freizeitaktivitäten oder dadurch ästhetische Präferenzen auszudrücken. Die Jugend wird daher nicht mehr als Übergangsphase vom

---

[32] Deutsches Musikinformationszentrum: Bevorzugte Musikrichtungen nach Altersgruppen 2009, Online im Internet: www.miz.org/intern/uploads/statistik31.pdf, 03.08.2010.

[33] Vgl. Klein, Gabriele: Electronic Vibration. Pop Kultur Theorie, a. a. O., S. 33.

Kind zum Erwachsenen angesehen, sondern autonom betrachtet. So widmet sich die Techno-Jugendkultur hauptsächlich dem Vergnügen.[34]

Optisch unterschied sich, vor allem in den 90er Jahren, die Techno-Szene von anderen Szenen durch ihre ‚Clubwear'. Während bunt bedruckte T-Shirts, übergroße Pullover, Trainingsanzüge oder Miniröcke noch als alltagstaugliche Kleidung getragen werden konnten, dienten signalfarbene Schutzanzüge, weiße Baumwollhandschuhe, Bustiers bei Männern oder leuchtende Bikinioberteile als rave- und somit veranstaltungsspezifische Kleidung.[35] Der Kleidungsstil untermalt die Behauptung, dass hauptsächlich Personen, die anders sein wollten, von der Musik und deren Szene angesprochen wurden.

3.3   Musikmarktsystem

Die elektronische Musik hat sich im Laufe der Zeit fest in den deutschen Musikmarkt integriert. Sie stellt keine Außenseiter-Position dar und bildet mit ihren Unternehmen ein Teil des Musikmarktsystems. Dieses unterteilt sich heutzutage vereinfacht in drei unterschiedliche Systeme: Das Produktionssystem, das Verwertungssystem und das Rezeptionssystem. Die drei Systeme werden von Einflüssen der Umwelt in gewisser Weise beeinträchtigt. Das *Produktionssystem* beinhaltet die Musiklabels inkl. deren Künstler und dem zugehörigen Management. In diesem Bereich wird die künstlerische Leistung erbracht, indem sie erst komponiert und anschließend produziert wird. In diesem System befinden sich die Musikmarken. Unterstützt werden sie durch das *Verwertungssystem* in Form von bspw. der Konsumgüterindustrie, dem Radio oder dem Tonträgereinzelhandel unterstützt. Die Unternehmen dieses Bereichs bilden die Schnittstelle zum *Rezeptionssystem*, sprich den Konsumenten. Zwischen diesen Systemen findet eine Wertsteigerung statt. Davon bekommt jedoch hauptsächlich das Verwertungssystem etwas zu spüren.

Begleitet werden alle Vorgänge zwischen den Systemen von externen Einflüssen der Umwelt. Die *technologische Umwelt* ist stets entscheidend für die Entwicklung der Musikindustrie. Durch den enormen Rückgang der CD Verkäufe durch die voranschreitende Digitalisierung der Musik, erlebt die Musikbranche einen rasanten Umbruch. Das Produktionssystems benötigt daher immer völlig neue, den Marktgegebenheiten angepasste, Marktbearbeitungsstrategien. Die *gesellschaftliche Umwelt* spielt besonders in der betroffenen subkulturellen Szene eine große Rolle, da hier auf die Wertedynamik besonders geachtet wird. Künstler und Veranstaltungen werden genauer studiert als es im großen kommerziellen Bereich der Fall ist. Die gesamte Musik ist in Genres[36] eingeteilt. Als *Musikumwelt* werden die Struktur und die Dynamik der einzelnen Musikstile bezeichnet. Innerhalb und zwischen den Genres finden dauerhafte Veränderungen statt, auf die vom Musikmarktsystem reagiert werden muss. Die *rechtliche Umwelt* umfasst alle immateriellen Vermögensgegenstände und wird später noch genauer betrachtet. Entscheidend ist, dass das Musikgut einem bestimmten Rechtsschutz unterliegt, der nicht verletzt werden darf. Schließlich besteht dauerhafter Wettbewerb zwischen allen Teilnehmern des Musikmarktsystems. Innerhalb dieser *Wettbewerbsumwelt* befinden sich die Musiklabels, Veranstaltungsagenturen oder TV Sender. Alle Teilnehmer nehmen durch ihre Aktivitäten am Musikmarktsystem Einfluss auf das Geschehen.[37]

---

34 Vgl. Graf, Christof: Kulturmarketing. Open Air und Populäre Musik, Wiesbaden: Deutscher Universitäts-Verlag GmbH 1995, S. 252ff.

35 Vgl. Fries, Joachim: Techno und Konsum – Chancen der bedeutendsten Jugendbewegung der neunziger Jahre für das Marketing, a. a. O., S. 17.

36 Stilrichtungen der Musik werden als Genres bezeichnet.

37 Vgl. Engh, Marcel: Popstars als Marke. Identitätsorientiertes Markenmanagement für die musikindustrielle Künstlerentwicklung und- vermarktung, a. a. O., S. 36ff.

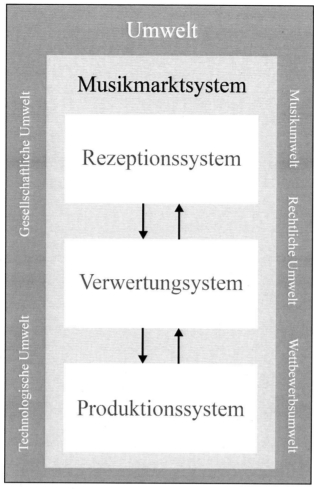

Abb. 1: Das Musikmarktsystem[38]

3.4 Entstehung und Bestandteile von elektronischen Musiklabels

3.4.1 Kulturelle Gegebenheiten

Die elektronische Musik kam ursprünglich nur mit Neuerscheinungen auf Independent-Labels[39] auf den Markt. Stile wie House, Techno, Goa oder Gabber machten den Anfang. Recht schnell sahen die Major-Labels[40] die Möglichkeit, in diesem Musikbereich Geld zu verdienen. Die Musik wurde dann mit den bereits bekannten Strategien erfolgreich vertrieben und dadurch neue Helden in Form von DJs geboren. Jedoch führte dies zur Spaltung der Szene. Nicht jeder war mit der Kommerzialisierung der Musik einverstanden. Hinzu kam zahlreiche Literatur, die den Techno aus dem Underground (mehr oder weniger freiwillig) behalf. Mitte der 90er Jahre folgten diverse Veranstaltungen, um Vorurteile, wie übermäßigen Drogenkonsum, abzuwenden. Zudem fanden Raves, in welchen die Ost-West Vereinigung Deutschlands gefeiert oder die bessere Völkerverständigung gewünscht wurde, statt. Ziel der Musik war und ist es, laut

---

38 In Anlehnung an: Engh, Marcel: Popstars als Marke. Identitätsorientiertes Markenmanagement für die musikindustrielle Künstlerentwicklung und- vermarktung, a. a. O., S. 37.

39 Musiklabels, die unabhängig von den großen Majors sind. Sie setzen ihren Schwerpunkt nicht auf Umsatzmaximierung, sondern auf die künstlerische Qualität und deren Integrität.

40 Dies sind die vier derzeit größten Musiklabels: EMI, Warner Music, Sony BMG und Universal.

Klein, immer alle Menschen, egal ob Wessi oder Ossi, homo- oder heterosexuell in ihren Bann zu ziehen. Diese Einstellung wurde mit der Kommerzialisierung des Internets noch ausgiebiger verbreitet. Die weltweite Verknüpfung der Anhänger führte zum Austausch verschiedener Erlebnisse und diente als Mitteilungsplattform für das eigene Vergnügen, für die eigene Leichtigkeit oder die Unbekümmertheit der Musik. Die Musik hat sich, wie auch die Hörer, stetig weiter entwickelt. So fällt es Wissenschaftlern oder Pädagogen noch heute schwer, den Zugang zu dieser Szene zu finden, um diese genauer zu studieren. Gründe hierfür sind beispielsweise die distanzierte Betrachtung der älteren Generation, die häufig von außen betrachtet voreilige Meinungen zur Szene äußern. Zudem mangelt es teilweise an der Kenntnis der Forscher, wo sich die entscheidenden Clubs genau befinden, da viele der Clubs von außen oft unscheinbar und kaum zu erkennen sind.[41]

3.4.2 Strukturelle Gegebenheiten

„Ein Charakteristikum der Labels ist die Entdeckung und Förderung neuer Künstler sowie die frühzeitige Identifikation neuer Trends auf dem Musikmarkt."[42] Da bei größeren Labels jedoch häufig viele Künstler unter Vertrag stehen und nicht alle von Anfang an erfolgreich sind, finanzieren die erfolgreichen Künstler weniger erfolgreiche mit. Nur so kann der Öffentlichkeit ein breites Spektrum an Musikern und Genres präsentiert werden.[43] Die Labels stellen für die Künstler verlässliche Partner und kompetente Berater dar. Sie erstellen Konzepte und Strategien für jede Marktsituation, zugeschnitten auf den jeweiligen Musiker. Sie sichern deren wirtschaftliche Grundlage, bspw. durch Deals mit YouTube, MySpace und anderen Auswertungsplattformen.[44]

Jedoch ist nicht jede kleine Plattenfirma aufgestellt wie SONY Music. Kleine Underground-Labels verfügen nicht über die finanziellen Mittel für jeden Bereich spezialisiertes Fachpersonal einzustellen. Da in dieser Arbeit jedoch unter anderem Plattenfirmen als Marke betrachtet werden, die neben dem ursprünglichen Geschäft (dem Produzieren und Vertreiben von Musikaufnahmen) weitere Produkte anbieten, sind hier speziell für den Veranstaltungsbereich definitiv weitere Abteilungen von Nöten.[45]

Neben den unumgänglichen Mitarbeitern, die den Bereich Buchhaltung, Legal & Business Affairs (Ausgestaltung von Verträgen), New Business (Entdeckung neuer Marktmöglichkeiten) und Vertrieb abdecken, sind dem Label Manager entscheidende weitere Bereiche untergliedert:[46]

Die Artist & Repertoire-Abteilung (A&R) beschäftigt sich mit der Entdeckung neuer, noch unbekannter Musiker. Diese werden von Anfang an begleitet und unterstützt, beginnend mit der Aufnahme erster Demo-Platten bis hin zur eventuellen Großauflage. Dabei muss der A&R-Manager zu Anfang schnell entscheiden, ob der Künstler und seine Musik ins Label-Konzept passen.
Nach erfolgreicher Tonaufnahme gilt es, die Musikvermarktungsstrategien mit der Marketing Abteilung festzulegen. Im Bereich der elektronischen Musik stellt dies besondere Herausforderungen, da (bis auf wenige Ausnahmen) diese Musik nicht im

---

41 Vgl. Klein, Gabriele: Electronic Vibration. Pop Kultur Theorie, a. a. O., S. 37ff.

42 Fries, Joachim: Techno und Konsum – Chancen der bedeutendsten Jugendbewegung der neunziger Jahre für das Marketing, a. a. O., S. 8.

43 Vgl. Bohne, Tom: Vom Newcomer zum Popstar, in: Initiative Kultur- und Kreativwirtschaft. Branchenhearing Musikwirtschaft am 5. Mai 2009 im Radialsystem in Berlin, Hrsg.: Bundesministerium für Wirtschaft und Technologie, Berlin: Michael Vagedes GmbH 2009, S. 27.

44 Vgl. Bohne, Tom: Vom Newcomer zum Popstar, in: Initiative Kultur- und Kreativwirtschaft. Branchenhearing Musikwirtschaft am 5. Mai 2009 im Radialsystem in Berlin, a. a. O., S. 27.

45 Eigene Darstellung.

46 Vgl. Lyng, Robert; Heinz, Oliver; v. Rothkirch, Michael: Die neue Praxis im Musikbusiness, 11., komplett überarbeitete Auflage, Bergkirchen: PPVMEDIEN GmbH 2011, S. 47f.

kommerziellen Radio und nur seltener in TV-Sendungen gespielt wird. Nur sehr wenige Titel internationaler DJ-Größen, wie z.B. aktuell David Guetta, schaffen es mit gemixten Liedern in den Rundfunk. Das bedeutet, dass die spezialisierten Printmedien und vor allem das Internet das größere Potenzial darstellen.

Die dritte entscheidende Ebene der Plattenfirmen ist die Promotion-Abteilung. Dieser Bereich knüpft an die Arbeit der Marketing Abteilung an, indem sie die erstellten Pläne umsetzt. Hierfür stehen verschiedene Instrumente zur Verfügung. So können Senderreisen zur Präsenz in Presse, Funk und evtl. Fernsehen oder eine Tour durch Clubs/Open-Air Veranstaltungen stattfinden.[47]

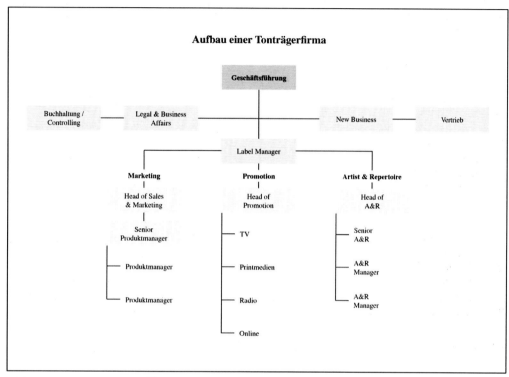

Abb. 2: Die Plattenfirma[48]

Wie bereits erwähnt, übernimmt in einem kleinen Label jedoch häufig eine Person verschiedene Aufgabenbereiche, um möglichst alle Aufgabengebiete auf eine geringe Anzahl von Personen zu verteilen. Wie überall stehen die Kosten als entscheidendes Kriterium voran.

3.4.3 Strategiepyramide der Musikmarkenführung

Bevor jedoch das Tagesgeschäft mit einer Musikmarke stattfinden kann, müssen die Grundsteine der Marke definiert und gelegt werden. Die Definition geschieht mit Hilfe der Strategiepyramide der Musikmarkenführung. Mit diesem Modell werden die Verhaltenspläne zur Erreichung der Markenziele erstellt. Sprich: es wird die Frage, „Wo soll sich wie die Musikmarke positionieren?" erarbeitet und beantwortet. Für diese Herleitung muss allerdings zuerst das 4C-Modell, die Grundlage der Pyramide, erläutert werden.

---

47 Vgl. Lyng, Robert; Heinz, Oliver; v. Rothkirch, Michael: Die neue Praxis im Musikbusiness, 11., a. a. O., S. 48ff.

48 In Anlehnung an: Lyng, Robert; Heinz, Oliver; v. Rothkirch, Michael: Die neue Praxis im Musikbusiness, 11., a. a. O., S. 47.

Das 4C-Modell dimensioniert den Wertschöpfungsprozess der Marke und besagt, mit welchen Instrumenten die Ziele der Marke erreicht werden sollen. Als erstes Instrument gilt hier die eigentliche Produktion des Musikinhalts (=Content): die eigentliche Hauptaufgabe der Musiklabels. Das zweite Instrument ist die darauffolgende Verwertung der Musik durch das kommunikations- und distributionstragende Kanalsystem (=Channel). Als 3. Instrument dient die im vorherigen Punkt angesprochene Organisation des Musikunternehmens (=Corporate). Diese drei Instrumente ergeben zusammen die Identität der Labelmarke.

Auf der anderen Seite der Instrumente steht allein der Konsument (=Consumer). Auf diesen wirken alle Instrumente der Marke ein und er bildet daraus das Image.[49]

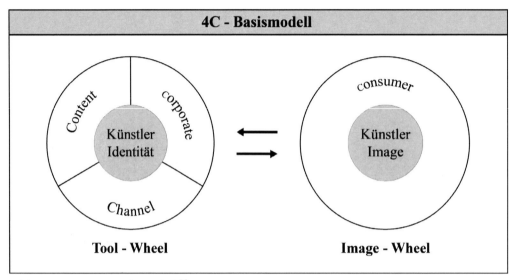

Abb. 3: Das 4C - Basismodell[50]

Wie soeben erwähnt, dient das 4C-Modell mit seinen Daten als Grundlage für die Strategiepyramide.

Die gewählten Markenstrategien des Labels stellen langfristige Verhaltenspläne zur Erreichung der an der Spitze stehenden Markenziele (erfolgreiche Künstler- bzw. Labelpositionierung & ein erfolgreiches A&R-Leitbild) dar. Innerhalb der Strategien wird unter Basisentscheidungen und den Detailentscheidungen differenziert.

Zu den Basisentscheidungen zur Erreichung der obersten Ziele gehören die Festlegung des A&R-Leitbildes und die angestrebte Positionierung der Marke. Unter dem A&R Leitbild wird neben dem zuvor genannten Entdecken neuer Künstler, auch die musikalische Überzeugungsgrundlage und das zukunftsorientierte Selbstbild des Unternehmens verstanden. Während große Labels heutzutage tendenziell auf den Aufbau von Superstars setzen, verfolgen kleine unabhängige Labels mehr das inhaltliche Ziel. Klasse statt Masse. Für sie steht die ökonomische Motivation nicht im Vordergrund. Zudem werden an oberster Stelle die strategischen und operativen Entscheidungen gefällt. Dies kann auch eine nach innen gerichtete Identität der Mitarbeiter bedeuten. In der von Meffert entwickelten Strategiepyramide befindet sich an oberster Stelle die Künstlerpositionierung. Die Eigenschaften eines Künstlers treffen allerdings ebenso auf die Eigenschaften eines Labels zu. Denn hier geht es darum, die Produkteigenschaften des Musikangebots derart zu definieren, dass eine Dominanzposition in der Psyche des Konsumenten entsteht. Das Angebot des

---

49 Vgl. Engh, Marcel: Popstars als Marke. Identitätsorientiertes Markenmanagement für die musikindustrielle Künstlerentwicklung und- vermarktung, a. a. O., S. 100f.

50 In Anlehnung an: Engh, Marcel: Popstars als Marke. Identitätsorientiertes Markenmanagement für die musikindustrielle Künstlerentwicklung und- vermarktung, a. a. O., S. 101.

Unternehmens muss sich klar vom bestehenden Angebot der Konkurrenten differenzieren.
Die grundlegenden Detailentscheidungen hingegen beinhalten die Definition und die Bündelung der Markeninstrumente des 4C-Modells, welche zur Durchsetzung der Markenstrategien benötigt werden. Der Gestaltungsspielraum ist hier am größten. Jedoch muss darauf geachtet werden, dass das Musikmarkenkonzept nicht außer Acht gelassen wird.[51]

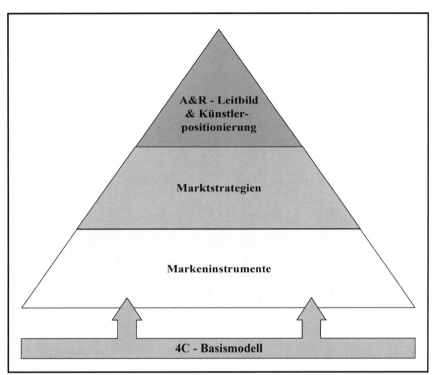

Abb. 4: Die Strategiepyramide der Musikmarkenführung[52]

3.5 Die Stellung des deutschen Musikmarktes

Eine Frage, die mit der unternehmensspezifisch konzipierten Strategiepyramide beantwortet werden muss, ist die Frage nach dem Vertriebsweg und den geplanten Absatzzahlen. Glaubt man den Aussagen aus Major Kreisen, so soll in wenigen Jahren die Musik nur noch über Online Angebote vertrieben werden. Ob es so weit kommen wird, bleibt abzuwarten, jedoch liegt die Zukunft definitiv im Onlinegeschäft. Schon heute stellt dies einen Großteil des Absatzanteils dar. Der Verkauf von CDs hat aufgrund der illegalen Downloadplattformen und der Zunahme der legalen Downloadmöglichkeiten in den letzten Jahren stark eingebüßt.[53]

Bei Betrachtung des Anteils der digitalen Märkte am Gesamtumsatz liegt Deutschland bei einem internationalen Vergleich jedoch noch weit hinten. Während in den USA bereits im Jahr 2010 48,7% des Umsatzes von dem digitalen Markt eingespielt wurde, waren es in Deutschland gerade mal 12,6%. Deutschland liegt mit diesem Anteil noch

---

51 Vgl. Engh, Marcel: Popstars als Marke. Identitätsorientiertes Markenmanagement für die musikindustrielle Künstlerentwicklung und- vermarktung, a. a. O., S. 196ff.

52 In Anlehnung an: Engh, Marcel: Popstars als Marke. Identitätsorientiertes Markenmanagement für die musikindustrielle Künstlerentwicklung und- vermarktung, a. a. O., S. 197.

53 Vgl. Lyng, Robert; Heinz, Oliver; v. Rothkirch, Michael: Die neue Praxis im Musikbusiness, 11., a. a. O., S. 139f.

hinter Japan, Großbritannien und Frankreich. Jedoch war im Vergleich der Rückgang des gesamten Marktes in den letzten Jahren in Deutschland am geringsten. Hier wurde vom Jahr 2004-2010 ein Rückgang von 13,3% verzeichnet, während es in den USA ganze 42,2% waren.

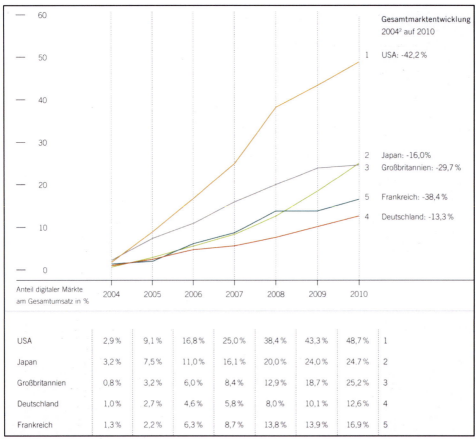

Abb. 5: Die internationale Gesamtmarktentwicklung der digitalen Märkte[54]

Innovative Ideen, wie der iTunes Store, versuchen, zum Teil sehr erfolgreich, gegen den Trend des Rückgangs zu arbeiten. So konnte iTunes von Juni 2004 bis Frühjahr 2010 10 Milliarden online gekaufte Musiktitel verzeichnen. Apple ist mit diesem Produkt zur Zeit unerreichter Marktführer.
Nichtsdestotrotz sinkt, wie in der nachfolgenden Abbildung zu erkennen ist, der Umsatz des Tonträgermarktes in den letzten Jahren kontinuierlich. In den Jahren bis 1997 hat eine dauerhafte Umsatzsteigerung stattgefunden. Die Umsätze nahmen stetig, wenn auch marginal, zu. Im Glanzjahr 1997 wurden insgesamt noch 2.748 Millionen Euro durch den Tonträgermarkt erwirtschaftet, während es im Jahr 2009 gerade mal 1.530 Millionen Euro waren. Es handelt sich hierbei um einen Rückgang von fast 50% innerhalb von 12 Jahren.

---

54 Bundesverband Musikindustrie: Gesamtmarktentwicklung, Online im Internet: http://www.musikindustrie.de/typo3temp/pics/c70e2b7e23.jpg, 29.11.2011.

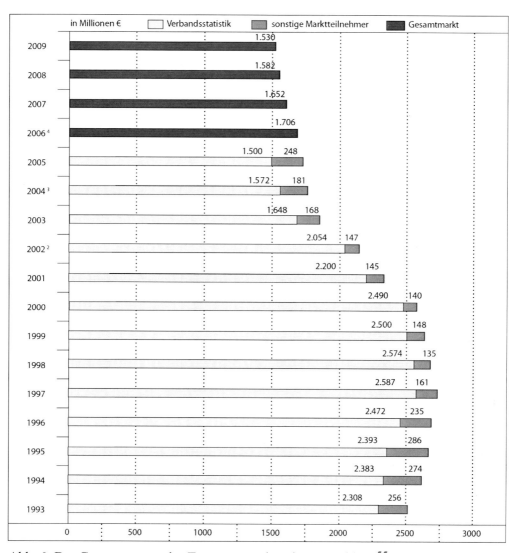

Abb. 6: Der Gesamtumsatz des Tonträgermarktes in Deutschland[55]

Der dramatische Rückgang äußert sich neben Umsatzeinbußen und sinkender Beschäftigung bei Großunternehmen ebenso in sinkenden Vertragsabschlüssen zwischen Majors und, vor allem, neuen Künstlern. Auch eine aktive Bekämpfung der Internetpiraterie der Musiklabels und des Bundes scheinen das Problem nicht zu beheben. So führen zwar die Strafanzeigen zum Rückgang der Nutzung von Tauschbörsen, jedoch haben sich neue Kanäle, wie die Nutzung von Sharehosting-Diensten[56] oder das Mitschneiden von Streaming-Dateien[57], ergeben, die das illegale

---

[55] Deutsches Musikinformationszentrum: Gesamtumsatz des Tonträgermarktes in der Bundesrepublik Deutschland, Online im Internet: www.miz.org/intern/uploads/statistik46.pdf, 08.04.2010.

[56] Internetnutzer laden Dateien auf eine virtuelle Festplatte im Internet, von der sie dann von beliebig vielen & unbekannten Leuten heruntergeladen werden können.

[57] Abspielbare Dateien bei Internetdiensten wie YouTube, werden während dem Abspielen aufgezeichnet und abgespeichert.

Erwerben von Musik möglich machen. Eine beachtenswerte Rückkehr der Musikfans in die Plattenläden konnte jedoch nicht festgestellt werden.[58]

> „Dafür ist die Nachfrage nach Livemusik nach wie vor deutlich wachsend. Der Livemusikmarkt ist mit 2,8 Milliarden Euro Umsatz im Jahr 2007 deutlich größer als der Tonträgermarkt. Das heißt, es wurden 82 Millionen Tickets für Musikveranstaltungen von den Bundesdeutschen zu einem durchschnittlichen Preis von 33 Euro gekauft."[59]

Am deutschen Tonträgermarkt haben sich mit den Jahren die vier großen Majors behauptet. Weltweit haben die Vier einen Tonträgerumsatz von etwa 75%.[60] Jedoch sind 99% aller Labels Independent-Labels (‚Indies').[61] Diese Labels stellen jedoch nur einen Marktanteil von 25% dar und unterliegen somit klar den Majors. 50% der Beschäftigten in diesem Musikbereich sind bei Independent-Unternehmen angestellt. Nur 20% aller Neuerscheinungen werden unter den Majors veröffentlicht, der Großteil somit bei den kleinen Independent-Labels.[62] Um ihre Position weiter halten zu können, setzen daher viele Labels auf Nebeneinkünfte aus dem Musikverlagsbereich, dem Merchandising und zumeist eben auch auf die Ausführung von Events.[63]

Obwohl es seit den Jahren nach 2003 stetig mehr Unternehmen und somit auch mehr anhängige Beschäftigte gibt, welche sich in der Musikwirtschaft behaupten wollen, steht dem eine Umsatzstagnation gegenüber. „Es gibt Untersuchungen, die besagen, dass die Nutzung von Musik zugenommen hat. Aber es wird immer weniger dafür ausgegeben."[64]; so Christopher von Deylen zum Kauf von Tonträgern.

---

58 Vgl. Lyng, Robert; Heinz, Oliver; v. Rothkirch, Michael: Die neue Praxis im Musikbusiness, 11., a. a. O., S. 140f.

59 Adlwarth, Dr. Wolfgang: Wohin bewegt sich der Markt?, in: Initiative Kultur- und Kreativwirtschaft. Branchenhearing Musikwirtschaft am 5. Mai 2009 im Radialsystem in Berlin, a. a. O., S. 18.

60 Vgl. Lyng, Robert; Heinz, Oliver; v. Rothkirch, Michael: Die neue Praxis im Musikbusiness, 11., a. a. O., S. 31.

61 Vgl. Greiner, Hubl: Labels/Vertriebe, Online im Internet: http://www.hg11.com/de/musik/labels-vertriebe/index.html, 16.10.2011.

62 Vgl. Weidenmüller, Horst: Die wirtschaftliche Bedeutung der Indies und ihre Benachteiligung im digitalen Markt, in: Initiative Kultur- und Kreativwirtschaft. Branchenhearing Musikwirtschaft am 5. Mai 2009 im Radialsystem in Berlin, a. a. O., S. 33.

63 Vgl. Lyng, Robert; Heinz, Oliver; v. Rothkirch, Michael: Die neue Praxis im Musikbusiness, 11., a. a. O., S. 31.

64 von Deylen, Christopher: Ökonomische Realitäten von Komponisten, Künstlern und Produzenten in der digitalen Welt, in: Initiative Kultur- und Kreativwirtschaft. Branchenhearing Musikwirtschaft am 5. Mai 2009 im Radialsystem in Berlin, a. a. O., S. 21.

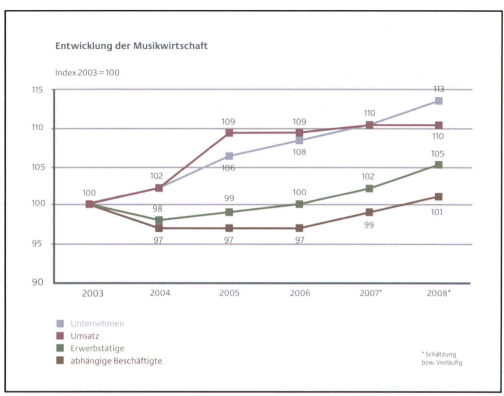

Abb. 7: Die Entwicklung der Musikwirtschaft[65]

3.6 Die Stellung der elektronischen Musik

„Von der musikalischen Seite aus betrachtet, zählt Techno zur Popkultur (...)"[66] und steht demnach nicht mehr nur noch für durchzechte Nächte, sondern mittlerweile unter anderem für Mode, Design, Kunst und Video. Sie dient als Trendsetter und hat sich bereits in den Alltag eingeschlichen, ohne dass sie bewusst wahrgenommen wird. Die Musik dient zur Unterhaltung, zum Stimmungsaufbau oder zur Motivation.[67]

Musik der gegenwärtigen Popkultur kann anhand des Musikkommunikationsprozesses funktionsorientiert definiert werden:

1. *„Produktionsseitig* als ein mit bestimmten Intentionen ausgestattetes Musikangebot, das aus dem auditiven Musikinhalt und dem dahinter stehenden Künstlerimage besteht. Grundsätzlich sollen unter Berücksichtigung vorhandener Bewusstseins- und Bedürfnisstrukturen die ökonomischen Zielsetzungen verfolgt werden, Ertrags- und Gewinnziele zu maximieren.

2. *Kommunikations- und distributionsseitig* als ein Musikangebot, das einem möglichst breiten Publikum über Massenmedien mit dem Ziel zugänglich gemacht wird, über eine hohe Kontaktquantität die Absatzzahlen zu maximieren.

---

65 Der Beauftragte der Bundesregierung für Kultur und Medien, in: Initiative Kultur- und Kreativwirtschaft. Branchenhearing Musikwirtschaft am 5. Mai 2009 im Radialsystem in Berlin, a. a. O., S. 14.

66 Fries, Joachim: Techno und Konsum – Chancen der bedeutendsten Jugendbewegung der neunziger Jahre für das Marketing, a. a. O., S. 4.

67 Vgl. Klein, Gabriele: Electronic Vibration. Pop Kultur Theorie, a. a. O., S. 40f.

3. *Rezeptionsseitig* als ein Musikangebot, das von vielen Menschen über die Massenmedien in einfacher Form rezipiert und konsumiert werden kann. Ferner ist populäre Musik durch eine audiovisuelle Rezeption gekennzeichnet, wobei der visuellen Ebene eine dominante Bedeutung zukommt. Dem Rezipienten ist neben der Musik auch der dahinter stehende Künstler und sein Kontext bekannt – somit verfügt populäre Musik über eine Metaebene, die Assoziationen bündelt und auf eine spontane Aneignung zielt und eine eher affektive Rezeptionsweise verlangt."[68]

Die Anforderungen an populäre Musik werden ebenso von der elektronischen Musik erfüllt. Ein Grund, warum sich diese Musik seit Jahren am Musikmarkt behauptet. Denn bereits 1995 war das Goethe-Institut in San Francisco davon überzeugt, dass Techno zum Kulturleben gehört. So wurden in diesem Jahr, in Abstimmung mit dem deutschen Generalkonsulat, vierzehn führende deutsche Techno DJs zur Feier des 50. Geburtstages der Vereinten Nationen entsendet. Deutschland fühlte sich zu dieser Zeit durch diese Musik am besten vertreten, während zum Beispiel Great Britain das Londoner Symphonieorchester und Frankreich das Ensemble der Oper von Lyon anreisen ließ.[69]

In den Jahren von 1999 bis 2009 fiel jedoch der prozentuale Umsatzanteil der elektronischen Musik von 7,7% nach einem kurzen Anstieg im Jahr 2000 stetig bis auf 4,2%. Wie sich die Anteile in den nächsten Jahren verhalten werden, bleibt abzuwarten. Eine auffallende Zunahme verzeichnen die seit dem Jahr 2001 auf dem Markt befindlichen Hörbücher. Wobei es recht unrealistisch erscheint, dass diese beiden Kategorien substituiert werden.[70]

Repertoirekategorien in %	1999	2000	2001	2002	2003	2004	2005	2006	2007	2008	2009
Pop	45,5	44	42,7	43,6	40,9	38,8	37,1	37	35	35,5	35,5
Rock	14,3	14,6	15,6	15,9	15,9	18,5	19,2	17,9	19,8	20,7	18,9
Schlager	6,4	6,9	7,3	7,2	8,5	7,6	6,8	8,2	8,3	6,6	8,6
Volksmusik	1,9	2,3	2,5	1,8	1,9	2,2	2	1,7	1,5	2	1,9
Dance	7,7	8,7	7,9	6,2	6,6	5,6	5,3	4,9	4,3	4,8	4,2
Klassik	8,7	8,3	7,5	7,2	6,9	7,8	7,9	8,1	7,5	6,8	7,8
Jazz	1,8	1,6	1,4	1,8	1,8	1,8	1,9	1,7	2,1	1,7	1,6
Hörbücher	-	-	0,9	2,1	2,6	3,5	5	6,3	7	7	7,4
Kinderprodukte	4,5	4,8	6,3	6,3	6,5	6,4	6,1	5,8	5,9	5,9	6
Sonstige	9,1	8,8	7,9	7,9	8,4	7,8	8,7	8,2	8,2	9	8,1

Tab. 2: Die Umsatzanteile der Repertoirekategorien auf dem Tonträgermarkt[71]

3.7 Vermarktung des Medienangebots

Grundsätzlich muss sich das Label darüber Gedanken machen, auf welchem Wege die Musik vertrieben oder bekanntgemacht werden soll. So gibt es die verschiedensten Absatzwege oder Möglichkeiten die Musik der breiten Masse mitzuteilen: Vertrieb der Musik über den Tonträgereinzelhandel/Club oder über Datennetz-Provider (z. B. den Download bei iTunes), Einsatz als Hintergrundmusik in TV-Spots/Filmen oder bei Radiosendungen, Drucken von Printanzeigen in Zeitschriften, als melodisches

---

68 Engh, Marcel: Popstars als Marke. Identitätsorientiertes Markenmanagement für die musikindustrielle Künstlerentwicklung und- vermarktung, a. a. O., S. 17.

69 Vgl. Klein, Gabriele: Electronic Vibration. Pop Kultur Theorie, a. a. O., S. 16f.

70 Eigene Darstellung.

71 In Anlehnung an: Deutsches Musikinformationszentrum: Umsatzanteile der Repertoirekategorien auf dem Tonträgermarkt, Online im Internet: www.miz.org/intern/uploads/statistik32.pdf, 24.03.2010.

Erkennungszeichen in Werbespots, oder, wie im Bereich der elektronischen Musik üblich, durch den Einsatz der Musik bei Live-Veranstaltungen.[72]

Die Verbreitung der elektronischen Musik ist, wie vorab erläutert, zur Zeit weitestgehend auf den Download der einzelnen Titel beschränkt, da sich die DJs die Musik, welche sie zum Auflegen benötigen von legalen Download-Anbietern über das Internet herunterladen.[73] Trotz legaler Downloadportale leidet die gesamte Musikindustrie weiterhin unter den illegalen Downloads. Die Anzahl illegal heruntergeladener Musikalben ist im letzten Jahr um 35% auf 46 Mio. Stück gestiegen[74]. Hingegen sank die Anzahl der strafbaren Downloads einzelner Musiktitel um 28% auf 185 Mio. Einzeltracks[75].

Wie bereits der Abbildung 5 entnommen werden konnte, werden seit dem Jahr 2004 von der Musikindustrie auch die legalen digitalen Downloads erfasst. Hier hat seitdem ein enormer Zuwachs stattgefunden. Von 0% im Jahr 2003 stieg der Umsatzanteil auf 12,4% im Jahr 2010. Nach wie vor wird jedoch mehr als die Hälfte des Umsatzes durch den Verkauf von Musikalben und Titeln im stationären Handel erreicht. Der Kauf der CDs im Internet steht an zweiter Stelle. Einen recht geringen Anteil stellen die restlichen Einkaufsmöglichkeiten dar.

Ganz klar liegt die Zukunft jedoch im Bereich des Digitalvertriebs. So sorgen die ‚Content Aggregatoren' dafür, dass die Musik der Plattenfirmen in den Internet-Shops erhältlich ist. Dafür werden von ihnen die Musiktitel von den Labels „eingesammelt" und anschließend für den technischen Download oder Stream aufbereitet, um diese schließlich an die virtuellen Verkaufsstätten zu verteilen. Hier werden zwei Modelle der Verkaufsstätten unterschieden. Entweder die Konsumenten zahlen bei Handelsportalen (z.B. musicload, itunes store) und Online-Shops (z.B. amazon mp3, saturn.de) für die heruntergeladenen Titel separat, oder sie nutzen ein Abonnement-Modell (z.B. napster, simfy). Bei diesen Modellen können die Benutzer für die Dauer der Mitgliedschaft unbegrenzt auf das Angebot zugreifen. Ob sich ein Modell durchsetzt und wenn, welches, wird die Zukunft zeigen.[76]

---

72 Vgl. Engh, Marcel: Popstars als Marke. Identitätsorientiertes Markenmanagement für die musikindustrielle Künstlerentwicklung und- vermarktung, a. a. O., S. 53f.

73 Vgl. Reuter, Tim: Interview Anhang 2, S. XV.

74 Vgl. Heinz, Rebecka: Anzahl illegaler Alben-Downloads gestiegen, Online im Internet: http://www.musikindustrie.de/politik_einzelansicht0/back/110/news/anzahl-illegaler-alben-downloads-gestiegen/, 30.08.2011.

75 Vgl. Heinz, Rebecka: Anzahl illegaler Alben-Downloads gestiegen, Online im Internet: http://www.musikindustrie.de/politik_einzelansicht0/back/110/news/anzahl-illegaler-alben-downloads-gestiegen/, 30.08.2011.

76 Vgl. Lyng, Robert; Heinz, Oliver; v. Rothkirch, Michael: Die neue Praxis im Musikbusiness, 11., a. a. O., S. 32f.

in %	2001	2002	2003	2004	2005	2006	2007	2008	2009	2010
Handelsformen										
Elektrofachmarkt	33,3	33,2	31,8	32,1	30,8	29,0	29,7	30,2	29,3	27,6
Kauf- und Warenhäuser	12,1	12,0	11,7	9,6	8,9	8,0	7,3	6,1	5,4	4,0
Medienfacheinzelhandel	9,6	7,6	6,1	6,3	5,0	4,1	3,7	3,6	3,1	2,4
Buchhandel	3,0	3,4	3,3	3,8	4,5	4,7	4,5	4,9	4,9	4,8
Drogeriemärkte	8,5	8,6	8,6	8,4	8,4	8,6	7,9	8,0	7,9	7,3
Lebensmitteleinzelhandel	10,7	10,6	10,3	8,2	8,1	7,8	8,2	7,6	7,2	7,9
Internet	6,6	9,0	11,9	14,3	16,8	17,3	18,3	19,1	20,5	22,5
Download-/Mobile-Händler (Full Track)	–	–	–	0,8	2,0	3,2	4,1	5,7	7,8	11,5
Mobile (Klingeltöne etc.)	–	–	–	–	–	2,9	2,4	2,0	1,5	0,9
Versandhandel	9,0	8,5	9,0	9,3	8,6	7,4	7,1	5,9	5,7	5,3
Clubmarkt	3,7	3,9	3,5	3,3	2,6	2,5	2,3	2,0	1,7	1,5
Sonstige	3,5	3,2	3,8	3,9	4,3	4,5	4,5	4,9	5,0	4,3
Vertriebsschienen										
Stationärer Handel (Geschäft)	80,7	78,6	75,6	72,3	67,8	66,7	65,9	65,4	62,8	58,3
Katalog/Mailorder/Club	12,7	12,5	12,5	12,5	10,9	9,9	9,4	7,9	7,4	6,8
Onlinekauf physisch	6,6	9,0	11,9	14,3	16,3	17,3	18,3	19,1	20,5	22,5
Onlinekauf digitale Formate	–	–	–	0,8	5,0	6,1	6,5	7,6	9,3	12,4

Tab. 3: Die Umsatzanteile der Handelsformen am Musikverkauf[77]

3.8 Elektronische Marken

3.8.1 Marken & deren Wandel

Nachdem im zweiten Kapitel auf die Marke im allgemeinen eingegangen wurde, soll nun genauestens definiert werden, was elektronische Musikmarken aus macht.
So gibt es im Bereich der elektronischen Musik viele Unternehmen, die ihren Beitrag im Musikgeschäft leisten und von denen das Produkt der Arbeit als Marke angesehen wird.[78] Es behaupten sich im Rhein-Main Gebiet derzeit Unternehmen wie ‚Cocoon Music Event GmbH' aus Frankfurt oder ‚bouq.' aus Mainz mit einem Gesamtprogramm. Unter gleichem Namen werden Veranstaltungen durchgeführt, Musik produziert, Merchandise Artikel vertrieben, neue Künstler bekannt gemacht, oder im Falle von Cocoon, sogar ein eigener Club betrieben.
Neben diesen Allroundern gibt es Veranstaltungen, die von namentlich nicht erwähnten Agenturen in regelmäßigen Abständen stattfinden und dennoch ebenso als Marke gesehen werden: Konzert-Festivals, wie das in der Nähe von Dessau jährlich stattfindende ‚Melt! Festival' oder kleinere Tagesveranstaltungen, wie das ‚merkwürdige Verhalten im Grünen' bei Offenbach am Main. Bei Nachforschungen ist natürlich leicht herauszufinden, wer hinter den Veranstaltungen steckt, jedoch steht hier der Name der Veranstaltung, also die Bildung eines Markennamens im Vordergrund und nicht das markenschaffende Unternehmen.

---

[77] Bundesverband Musikindustrie: Umsatzanteile der Handelsformen am Musikverkauf, Online im Internet: http://www.musikindustrie.de/typo3temp/pics/c345c3ca97.jpg, 29.11.2011.
[78] Vgl. Greumler, Stefan: Interview Anhang 1, S. VIII.

Neben den Unternehmen, werden einzelne Musikgrößen ebenso als Marke angesehen. Weltbekannte DJs wie Sven Väth stehen regelmäßig auf der Bühne und präsentieren sich bei jedem Auftritt selbst, weil es vom Publikum so gewünscht wird.[79]

Vergleichbare Marken in der Popkultur gibt es schon von Beginn an. Im Gegensatz zu anderen Kulturen wurden Frauen hier nie strukturell ausgeschlossen. Ikonen wie Madonna, Tina Turner oder die Spice Girls trugen ihren Beitrag zur Entwicklung bei. Musik, Mode und Tanz entwickelten sich als die Kennzeichen der Entwicklung. Die entsprechenden markentypischen Eigenschaften wurden bei diesen Musikerinnen bereits sehr früh, also nach Erkennung Ihres Potenzials, gepflegt.[80]
Innerhalb der Popkultur entwickelte sich die Technokultur mit ihren eigenen Marken. Die Grundlage für Bildung von Marken der elektronischen Musik bildet jedoch die Entwicklung der Musikrichtung. Einfluss nahm, neben der rein musikalischen Entwicklung, die Musikrichtung ‚Disco'. Denn schon bei diesem Genre war der DJ der Star des Clubs. Der stetige Rückgang der Live-Musik wich dem Handwerk des ‚Auflegens' mit Vinyls. Der entstandene Techno entwickelte die Arbeit des DJs weiter. Für den Erfolg eines DJs ist und bleibt jedoch das Publikum entscheidend, nicht die Musikindustrie. Wenn tanzende Körper in Ekstase verfallen, ist es das allein das Werk des DJs in Verbindung mit der Party.[81]

Sobald eine Musikmarke, egal ob in Form eines Unternehmens oder eines DJs, heutzutage einen bestimmten Status erreicht hat, erleichtert dies das zu bewältigende Tagesgeschäft enorm. Im Falle von Cocoon steht der DJ Sven Väth hinter dem Unternehmen. Allein wegen seines Namens werden von den Fans die Veröffentlichungen gekauft und Veranstaltungen besucht. Beim Kaufentscheidungsprozess ist noch nicht einmal unbedingt entscheidend, ob die Musik gefällt oder nicht. Es wird davon ausgegangen, dass die weltbekannte Marke nur mit erstklassigen Produkten am Markt auftritt.[82]

3.8.2 Markenwert & Image

> „Über die Hälfte der Kapitalwerte aller Unternehmen weltweit bestehen aus Namens- & Markenrechten. Diese immateriellen Werte existieren nur in den Köpfen der Verbraucher, in Form von Bekanntheit, Beliebtheit und Präferenz bei Kaufentscheidungen."[83]

Alle von der Marke vollzogenen Aktivitäten müssen wirtschaftlich betrachtet und bewertet werden. Jedoch spielt daneben besonders die Wahrnehmung der Rezipienten eine Rolle. Grundsätzlich wird der Markenwert zwischen einer konsumorientierten und einer finanzorientierten Sichtweise differenziert. Aus der finanzorientierten Sicht werden Unternehmen wie Coca-Cola auf rund 70 Milliarden US-Dollar geschätzt. Für diese Arbeit entscheidender ist jedoch, wie sich unter konsumorientierter Ansicht der Wert einer Marke verhält. Denn bei dieser Betrachtungsweise werden die vom Konsumenten mit der Marke verbundenen Assoziationen und Vorstellungen berücksichtigt. Diese Faktoren nehmen Einfluss auf die Wertschätzung und somit auf das durch das Individuum wahrgenommene Markenimage. Bei hohem Markenwert entstehen unter anderem eine höhere Markentreue, eine gesteigerte Bekanntheit, verbundene Assoziationen mit der Marke und aus alle dem eine verbesserte Wettbewerbsposition mit erhöhtem Potenzial zur Markenweiterentwicklung.[84]

---

79 Eigene Darstellung.
80 Vgl. Klein, Gabriele: Electronic Vibration. Pop Kultur Theorie, a. a. O., S. 119.
81 Vgl. Klein, Gabriele: Electronic Vibration. Pop Kultur Theorie, a. a. O., S. 124.
82 Vgl. Reuter, Tim: Interview Anhang 2, S. XIV.
83 Bremshey, Peter; Domning, Ralf: Eventmarketing. Die Marke als Inszenierung, Wiesbaden: Betriebswirtschaftlicher Verlag Dr. Th. Gabler GmbH 2001, S. 87.
84 Vgl. Büttner, André; van der Ree, Ivo: Event- und Szenemarketing. Hintergründe, Strategien und Perspektiven, a. a. O., S. 101f.

Im musikalischen Bereich bedeutet dies, dass der Wert von den Konsumenten der Musik wahrgenommen werden muss. Der Künstler, der die Marke repräsentiert, muss eine Beziehung zu den Fans aufbauen, damit sie sich eine Vorstellung der Marke bilden können. Die Quantität und Qualität der Beziehung führt zur Bildung eines Markenwertes. Dieser bildet die Grundlage für ein Image.[85]

Der gewonnene Markenwert und somit auch das Image verkörpern ein Markenbild, das in den Köpfen der Konsumenten sitzt. Auf das Markenbild wird unter anderem durch die Gestaltung der Location, die zu zahlenden Preise für Eintritt und Getränke, sowie die Auswahl der Gäste vom Veranstalter Einfluss genommen. So werden bestimmte Labels mit einer Naturverbundenheit in Verbindung gebracht, weil deren Partys häufig draußen in der freien Natur stattfinden. Andere Veranstalter lassen durch die Gestaltung der Partyflyer[86], der Website oder durch das Auftreten der Angestellten ein dekadentes Image sprechen. Die Kommunikation richtet sich hierbei immer danach, welche Zielgruppe angesprochen werden soll, und welches Image von dieser Gruppe erwartet wird.[87]

3.9 Kultur- & Kreativwirtschaft

3.9.1 Definition und Entwicklung

„Die Kultur- und Kreativwirtschaft wird insbesondere von Freiberuflern sowie von Klein- und Kleinstbetrieben geprägt. Sie sind überwiegend erwerbswirtschaftlich orientiert und beschäftigen sich mit der Schaffung, Produktion, Verteilung und/oder medialen Verbreitung von kulturellen oder kreativen Gütern und Dienstleistungen."[88]

Aber was ist genau darunter zu verstehen?
Unter der Kultur- & Kreativwirtschaft, welche auch als Kreativindustrie bezeichnet wird, versteht man alle selbstständigen Personen, Unternehmen oder Gemeinschaften, die ihre Arbeit im kreativen Bereich leisten, egal ob sie damit eine Gewinnerzielung oder andere Ziele verfolgen. Im speziellen können dies beispielsweise Filmemacher, Grafikdesigner oder Autoren sein.[89]

Bereits im Jahre 2007 hat, nachdem sie das Potential dieser Branche erkannt hat, die Bundesregierung eine Initiative gegründet. Ziel dieser ist es, „die Wettbewerbsfähigkeit der Kultur- und Kreativwirtschaft zu stärken und das Arbeitsplatzpotential noch weiter auszuschöpfen"[90]. Steigende Umsätze im Jahr 2008 von 2,26% waren die Folge. (Wobei die Gründung der Initiative als Grund in dieser kurzen Zeit in Frage gestellt werden kann.) Der allgemeine Rückgang der Wirtschaft im Jahre 2009 verschonte auch diese Branche nicht.

---

85 Vgl. Engh, Marcel: Popstars als Marke. Identitätsorientiertes Markenmanagement für die musikindustrielle Künstlerentwicklung und- vermarktung, a. a. O., S. 193.

86 Werbebotschaft für eine Veranstaltung in Papierform, meist mit kurzem Programm, die an potenzielle Besucher verteilt werden.

87 Vgl. Greumler, Stefan: Interview Anhang 1, S IX.

88 Initiative Kultur- und Kreativwirtschaft der Bundesregierung: Kultur- und Kreativwirtschaft, Online im Internet: http://kultur-kreativ-wirtschaft.de/KuK/Navigation/kultur-kreativwirtschaft,did=329922.html, 04.12.2011.

89 Eigene Darstellung.

90 Initiative Kultur- und Kreativwirtschaft der Bundesregierung: Kultur- und Kreativwirtschaft, Online im Internet: http://kultur-kreativ-wirtschaft.de/KuK/Navigation/Initiative/ziele,did=327880.html, 04.12.2011.

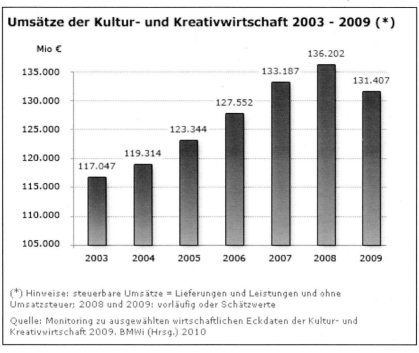

Abb. 8: Die Umsätze der Kultur- & Kreativwirtschaft[91]

Bei Betrachtung der reinen Musikindustrie des Sektors gibt es zahlreiche andere Arten von Unternehmensgruppen neben den Musiklabels, welche hier eine Rolle spielen. So tragen auch Tonstudios, Konzertagenturen oder Musikverlage ihren Beitrag dazu bei, wenn es um die Vermarktung von Musik geht. Viele kleine und mittlere Unternehmen weisen zudem eine hohe Wachstumsdynamik auf und zeigen so, dass die Kreativwirtschaft stetig wächst und wirtschaftliches Potential darin besteht.[92] Allein im Jahr 2008 betrug der Anteil der Musikwirtschaft 0,30% der deutschen Gesamtwirtschaft. Dies entspricht 16.344,2 Mio. €.[93] Dabei steht ein Wachstum der Kultur- und Kreativwirtschaft im musikalischen Bereich nicht im Zusammenhang mit den sinkenden Absatzzahlen der Tonträger, da hier ebenso Konzerte, Printmedien, Festivals etc. berücksichtigt werden.[94]

3.9.2 Artistis

Die Person, als Teil der Kreativindustrie, die repräsentativ für die Marke vor das Publikum tritt wird als Artist bezeichnet und ist in der Regel in der elektronischen Musik ein DJ. Engh beschreibt diese Person wie folgt: „Als Künstler bezeichnet man im

---

91 Initiative Kultur- und Kreativwirtschaft der Bundesregierung: Kultur- und Kreativwirtschaft, Online im Internet: http://kultur-kreativ-wirtschaft.de/KuK/Navigation/kultur-kreativwirtschaft,did=336038.html, 04.12.2011.

92 Vgl. Bode, Andreas; Mueller, Christopher: Mit Medienmusik erfolgreich in der Kreativwirtschaft, München: Musikmarkt GmbH & CO. KG 2010, S. 7ff.

93 Vgl. Deutsches Musikinformationszentrum: www.miz.org, Statistiken zu Musikwirtschaft, Unternehmen und Umsätze in der Musikwirtschaft und im Phonomarkt in Deutschland 2000-2008, Stand 11.03.2010.

94 Eigene Darstellung.

Allgemeinen den Musikschaffenden, der als Interpret des Musikangebots sichtbar wird."[95]

Häufig kommt es vor, dass Techno-Künstler einen großen Hit landen und danach wieder in der Bedeutungslosigkeit verschwinden. Dies kann an der Einzigartigkeit des Liedes liegen oder ganz banale Gründe haben, die an der Einstellung der Person liegen oder aber kann eine fehlende Publikumsbindung der Grund für ein so genanntes ‚One-Hit-Wonder' sein. Falls keine Bindung zu den Rezipienten aufgebaut wird, können diese kein Image bilden und sich so nicht emotional an einen Künstler binden.[96] Sven Väth, der in der Szene oft auch liebevoll als „der Papa" bezeichnet wird, beherrscht dies sehr gut. Bei Veranstaltungen baut er eine Beziehung zum Publikum auf und lässt es immer ein Teil der Party sein. Er steht nicht verunsichert auf der Bühne, sondern ist so wie er ist und kommt somit auf menschlicher Ebene beim Publikum an. Dadurch bildet er sich seine eigenen Fans. Er wird durch die Ausstrahlung des Individualismus für die Besucher interessant, weil er sich von der großen Masse an DJs abhebt. Er versteht es die Meinungsbildung zu seiner Marke zu beeinflussen. Andere DJs versuchen durch die Wahl des Namens und die Art vor Leuten aufzutreten, die Aufmerksamkeit auf sich zu lenken, wie zum Beispiel DJ Karotte. Er hält sich zeitweise ganz normal als Gast zwischen den Besuchern auf um so eine gewisse ‚Kundennähe' zu erreichen.[97]

3.9.3 Immaterielle Vermögensgegenstände

Bevor ein Unternehmen jedoch mit einer Veranstaltung am Markt erscheint, muss es sich Gedanken um den rechtlichen Schutz der Marke und des Markenzeichens machen. Dies wird leider von vielen Unternehmen derzeit vernachlässigt und erst zu spät im Markenführungsprozess integriert. Wenn ein Unternehmen keine Eintragung ins Markenregister durchführen lässt, besitzt es keine Ausschließlichkeitsrechte. Somit könnten andere Unternehmen jegliche Zeichen der Marke ohne rechtliche Folgen kopieren und letztendlich zum eigenen Vorteil verwenden. Der rechtliche Markenschutz kann für den Namen, das Logo, oder die eigens produzierte Musik eingetragen werden. Ist dies erfolgt, sollte eine Markenüberwachung erfolgen, da, trotz Eintragung, die Verletzung der eigenen Rechte durch Dritte besteht und somit dem Unternehmen Schaden entstehen kann. Eintragungen beim Deutschen Marken- & Patentamt können für Wort-, Bild- & Hörzeichen oder für eine Kombination aus diesen erfolgen.[98] Hauptsächlich bezieht sich diese Eintragung auf das Logo des Labels.

Neben dem Logo gibt es die eigentliche Musik, die rechtlich geschützt werden sollte.
In Deutschland erfolgt der Schutz durch das Urheberrecht mit Erschaffung des Musiktitels. Eine Eintragung oder Anmeldung ist hier nicht erforderlich. Ebenso kein Hinweis wie ‚Copyright', damit der Schutz in Kraft tritt. Im Streitfall vor Gericht muss vom Künstler nur belegt werden, dass er das Musikstück kreiert hat. Dies kann auf den verschiedensten Wegen belegbar sein. Die erste und einfachste Möglichkeit, vor allem für Neulinge in der Musikbranche, ist der Schutz der Musik durch ein Einschreiben an sich selbst. Bei dieser kostengünstigsten Methode wird das Musikgut in einem versiegelten Umschlag per Einschreiben an sich selbst geschickt und darf demnach nicht geöffnet werden. Der Datumstempel der Post gibt Aufschluss darüber, wann die Musik vorhanden war und ist somit für einen möglichen Streitfall ein Indiz. Da dies jedoch kein eindeutiger Beweis ist, gilt die Hinterlegung beim Notar oder Rechtsanwalt als sicherer. Hiermit kann der Zeitpunkt der Veröffentlichung eindeutig belegt werden. Die dritte Möglichkeit Liedgut der Labels vor Urheberrechtsverletzungen zu bewahren, ist die Eintragung bei der GEMA. Jedoch stellt diese Möglichkeit keinen zusätzlichen

---

95 Engh, Marcel: Popstars als Marke. Identitätsorientiertes Markenmanagement für die musikindustrielle Künstlerentwicklung und- vermarktung, a. a. O., S. 46.

96 Vgl. Fries, Joachim: Techno und Konsum – Chancen der bedeutendsten Jugendbewegung der neunziger Jahre für das Marketing, a. a. O., S. 10.

97 Vgl. Greumler, Stefan: Interview Anhang 1, S. XI.

98 Vgl. Meffert, Heribert; Burmann, Christoph; Kirchgeorg, Manfred: Marketing. Grundlagen marktorientierter Unternehmensführung. Konzepte – Instrumente – Praxisbeispiele, a. a. O., S. 382.

Schutz vor Verletzungen dar, sondern gilt nur als Indiz, dass ein Song bereits existiert hat. Als sichersten Schutz der Urheberrechte gilt die Veröffentlichung oder Pressung der Musikstücke. Zum Zeitpunkt der Veröffentlichung liegen genug Unterlagen vor, die ausreichend Schutz bieten. Die Druckerei, das Presswerk, oder auch gegebenenfalls die GEMA, dienen hier als Informationsquelle.[99]

Falls ein Label auf einen Teil, oder gar komplett auf das Urheberrecht verzichten mag, gibt es die Möglichkeit, dies vertraglich mit Hilfe von Lizenzverträgen der ‚Creative Commons', einer Non-Profit-Organisation, zu tun. Diese Gemeinschaft bietet verschiedene Stufen von Verträgen an, welche die Weiterverwendung der Musiktitel regeln. So reicht die Spannbreite der Verträge von der lediglichen Namensnennung des Interpreten bei Verwendung des Musikstücks bis hin zur Gestattung der kommerziellen Verwendung des geänderten Musikstücks unter Angabe des ursprünglichen Interpreten.[100]

Neben den bereits genannten Vermögensgegenständen, die es zu schützen gilt, stellen die DJs mit ihrer Arbeit womöglich den größten imaginären Wert dar. Aus dem Grund der in Deutschland geltenden Vertragsfreiheit kann ein Label oder ein Veranstalter mit einem DJ einen Vertrag schließen, welcher die Zusammenarbeit besiegelt. Innerhalb des Vertrages kann alles vereinbart werden, solange es nicht gegen das geltende Recht oder die guten Sitten verstößt. So ist es sinnvoll, in solch einem Vertrag die Bindungsdauer oder die zeitgleiche Bindung an nur einen Veranstalter fest zu halten.[101]

---

99 Vgl. Remmel, Daniel: Alles nur geklaut – Wie schützt man die eigenen Songs?, Online im Internet: http://www.2sound.de/magazin/songs-schuetzen-einschreiben-notar.html, 20.10.2011.

100 Vgl. Creative Commons: Was ist CC?, Online im Internet: http://de.creativecommons.org/was-ist-cc/, 23.10.11.

101 Eigene Darstellung.

4 Events

4.1 Entstehung und Basis von Events

Nachdem die Marke alle Positionierungsfragen bearbeitet hat und die gewünschten Ziele klar definiert sind, folgt die Planung eines Events.
Die Menschen haben schon immer das Bedürfnis, besondere Feste zu feiern, um dem gesellschaftlichen Alltagsleben zu entflichen. So wurde in der Steinzeit ein Fest nach einer guten Jagd gefeiert, zu Zeiten der Hellenen zum ersten Mal die Olympischen Spiele veranstaltet oder im Mittelalter diverse Zunftfeste praktiziert. Die heutigen Events stellen, kaum verändert, immer noch erlebnisorientierte Veranstaltungen oder inszenierte Ereignisse dar, bei welchen emotionale und physische Reize und somit ein starker Aktivierungsprozess entstehen soll. Dabei richtet sich ein Event immer an eine bestimmte Zielgruppe. Diese muss den Wunsch haben daran teilzunehmen, damit es zustande kommt. Während dem Event soll der direkte Kontakt, am besten mit positiven Überraschungen, hergestellt werden. Die Besucher sollen das Gefühl haben, etwas Einmaliges oder Unwiederholbares zu erleben. Das wird erreicht, wenn bestimmte Emotionen geweckt werden. Da die Menschen verschieden sind, wirken Events nicht bei jedem Besucher gleich. Die Individuen haben verschiedene Ansprüche und somit differenzierte Bedürfnisse. Jedoch brauchen für eine ausgeglichene Gefühlswelt alle Menschen das Erleben neuer Dinge, die nicht zur alltäglichen Routine gehören.[102]

Heutige Events sollten demnach bestimmte Ziele verfolgen und erreichen: Die persönliche Kommunikation unter den Besuchern sowie zwischen den Veranstaltern und den Besuchern sollte vorhanden sein. Interaktionen zwischen den eben genannten Gruppen sollten entstehen, da dadurch Emotionen entstehen, die im Gedächtnis bleiben. Ebenso sollten Informationen gegeben und eingeholt werden. Und zu guter Letzt muss bei den Besuchern die Motivation entstehen, Folgeevents zu besuchen.[103]

4.2 Elektronische Musikevents

4.2.1 Grundlagen

Elektronische Tanzveranstaltungen tragen mit dem entsprechenden Unterhaltungsfaktor einen Teil zur bereits erwähnten Kreativwirtschaft bei.
Für die Labels stellen die Musikevents, neben der gezielten Unterhaltung der Besucher, ein Marketinginstrument dar. Sie sollen der Erreichung der Marketingziele dienen oder zumindest einen unterstützenden Beitrag zur Erreichung leisten. Als positiver Nebeneffekt dienen die Veranstaltungen häufig den Nebenzielen, denn auf einem Event können diverse Kommunikationstechniken eingesetzt werden. Wichtig ist, dass Emotionen beim Besucher ausgelöst werden. Die Besucher sollen das Gefühl entwickeln, ein Teil der exklusiven Gemeinschaft zu sein und die dort herrschende Zusammengehörigkeit spüren. Dies geschieht durch das gemeinsame Handeln während dem Event. Wenn zum Beispiel alle Besucher zeitgleich jubeln.[104] Grundsätzlich geht es auf den Veranstaltungen darum, die persönliche Kommunikation zum Meinungsaustausch & Kennenlernen unter den Besuchern zu unterstützen, deren Interaktionen zu fördern, ihre Emotionen aus ihnen zu locken sowie Informationen von ihnen zu erhalten.[105]

---

102 Vgl. Graf, Christof: Event-Marketing. Konzeption und Organisation in der Pop Musik, Wiesbaden: Deutscher Universitätsverlag GmbH 1998, S. 38ff.
103 Vgl. Bremshey, Peter; Domning, Ralf: Eventmarketing. Die Marke als Inszenierung, a. a. O., S. 165.
104 Vgl. Bremshey, Peter; Domning, Ralf: Eventmarketing. Die Marke als Inszenierung, a. a. O., S. 46ff.
105 Vgl. Bremshey, Peter; Domning, Ralf: Eventmarketing. Die Marke als Inszenierung, a. a. O., S. 165.

Egal welche Veranstaltung man betrachtet, im Vordergrund von Musikevents steht immer das Wir-Gefühl.[106]

4.2.2 Locations – Flucht aus dem Alltag

4.2.2.1 Entstehung der Clubkultur

Clubs sind keine neuartige Erscheinung, die erst mit der Technokultur entstand. Bereits Anfang des 20. Jahrhunderts begannen die Dadaisten, Kunst-Experimente in Lokalen aufzuführen. Während des Ersten Weltkrieges drangen sie dann mit ihren performanceähnlichen Aktionen in den halböffentlichen und öffentlichen Raum vor. Im Jahre 1916 wurde dann in Zurüch das ‚Cabaret Voltaire' gegründet, in welchem „fremdartige Musik, Simultanlesungen zusammenhangloser Worte, Verse, die als Klangcollagen präsentiert wurden, Auftritte mit skurrilen Masken und bizarren Kostümen"[107] vorgetragen wurden. „Dem ‚Cabaret Voltaire' folgten in den Metropolen Europas eine Anzahl dadaistisch angehauchter Clubs. (...) Bereits hier zeichnete sich eine Aufspaltung in Mainstream und Avantgarde ab."[108] Allein die Vergnügunsmetropole Berlin konnte 1930 bereits 899 Tanzlokale zählen, ein knappes Drittel davon in den Innenstadtbezirken Mitte und Charlottenburg/Tiergarten. Die von den Lokalen erhaltene Genehmigung zur Veranstaltung von Tanzlustbarkeiten erlaubte das Spielen von instrumentaler Begleitmusik.[109]
„Galten Tanzlokale um die Jahrhundertwende noch ausschließlich als „Märkte der Prostitution", hatten sie sich bereits in den 20er zu einem Bestandteil großstädtischer Kultur gemausert, der nicht mehr wegzudenken war."[110] Auch früher schon ging es hier „um Lust, Spiel und Spaß und nicht um politische Kritik".[111]

4.2.2.2 Diskothek

Der altertümliche Begriff Tanzlokal wurde von der Jugend durch die Bezeichnung ‚Club' als Beschreibung für eine Diskothek ersetzt. Die Wortwahl findet seinen Ursprung in der Geschichte der erwähnten House-Szene und die damit verbundene Schwulenkultur, ebenso wie in der Club-Tradition der künstlerischen Avantgarde. Während früher unter anderem am Kleidungsstil den Clubgängern eine Musikrichtung zugeordnet werden konnte, ist das heute so einfach nicht mehr möglich, da die Kleidung immer weniger die Funktion der Identitätssicherung trägt.[112] „Viele Raver lehnen eine soziale Zuordnung über die Kleidung ausdrücklich ab und geben an, sich in einem Club besonders wohlzufühlen, in dem sie angezogen sein können, wie sie wollen."[113] „In den Clubs treffen sich Menschen verschiedener Bildungs- und Einkommensschichten mit einem breiten Spektrum an Schul- und Berufsausbildungen."[114] Die Konsumenten elektronischer Musik erscheinen in der Diskothek aufgrund der Musik und nicht, um mit Statussymbolen aufzufallen. Stattdessen dient vor Ort der Tanz als Kommunikationsmittel und setzt die Körper der Akteure in den Mittelpunkt.[115]

---

106 Vgl. Graf, Christof: Event-Marketing. Konzeption und Organisation in der Pop Musik, a. a. O., S. 39.
107 Klein, Gabriele: Electronic Vibration. Pop Kultur Theorie, a. a. O., S. 139.
108 Klein, Gabriele: Electronic Vibration. Pop Kultur Theorie, a. a. O., S. 139.
109 Vgl. Klein, Gabriele: Electronic Vibration. Pop Kultur Theorie, a. a. O., S. 138f.
110 Klein, Gabriele: Electronic Vibration. Pop Kultur Theorie, a. a. O., S. 139.
111 Klein, Gabriele: Electronic Vibration. Pop Kultur Theorie, a. a. O., S. 140.
112 Vgl. Klein, Gabriele: Electronic Vibration. Pop Kultur Theorie, a. a. O., S. 143.
113 Klein, Gabriele: Electronic Vibration. Pop Kultur Theorie, a. a. O., S. 143.
114 Klein, Gabriele: Electronic Vibration. Pop Kultur Theorie, a. a. O., S. 144.
115 Vgl. Klein, Gabriele: Electronic Vibration. Pop Kultur Theorie, a. a. O., S. 78.

Heutige Diskotheken der elektronischen Musik unterscheiden sich von der Größe, Aufmachung und vom Publikum weitgehend. So findet man im Rhein-Main-Gebiet Diskotheken wie zum Beispiel den Cocoon Club, welcher überregional bekannt ist und durch seinen Besitzer Sven Väth einen Kultstatus besitzt. Jedoch nutzen viele Einsteiger der elektronischen Musik den Club, um einen Einblick in das Geschehen zu erhalten. Hier gehen mittlerweile die Neulinge der Branche feiern und nicht, wie zu Anfang, ein ausgewähltes Klientel. Anders verhält es sich mit kleineren so genannten ‚Underground-Clubs'. So ist es in Clubs wie dem Robert Johnson in Offenbach schwer, einen Zugang zum Stammpublikum zu finden, selbst wenn man die eingehenden Blicke der Türsteher positiv überstanden hat. Die Besucher hier sind eine recht alternative Gruppe mittleren Alters. Als dritte Kategorie lassen sich die etablierten Clubs nennen. So gibt es das U60311 seit Jahren im Herzen Frankfurts. Hier erscheinen die Liebhaber des Techno. Das Publikum zeichnet sich durch keinen besonderen Stil aus. In den Club kommt, wer feiern will. Egal mit was und mit wem.[116]

4.2.2.3 Festivals und Open-Airs

„‚Festival' lässt sich erklären als ‚Festspiel, große, mehrtägige festliche Veranstaltung'"[117] und stellt neben den Diskotheken eine weitere örtliche Möglichkeit zur Flucht aus dem Alltag dar. So soll das Fest bereits lt. dem alten Testament die Heraushebung aus dem Alltag bedeuten. Da der Ausgang eines Festes aufgrund der sozialen Interaktion nie planbar ist, kann man ebenso nicht die genaue Dauer vorab bestimmen.[118] Dies gilt für heutige Tanzveranstaltungen ebenso. Jedoch ist das endgültige Ende durch den Veranstalter beeinflussbar bzw. zumeist festgelegt.[119]
Unter den heutigen Open-Airs als Teil der Musikfestivals versteht man live dargebotene Konzerte unter freiem Himmel. Die Besucherzahl ist dabei nicht ausschlaggebend.[120] Die Veranstaltungen finden überall statt, ob am Strand auf Ibiza, in den Bergen Österreichs, dem Air-Rave in Las Vegas oder auf einem Kreuzfahrtschiff auf dem Mittelmeer. Im Bereich der Reisefreudigkeit ist die Techno-Szene führend. Keine andere Pop-Generation war bislang so mobil.[121]
So wird das Interesse nach der Flucht aus dem Alltag durch die Besucherzahlen von eintägigen Großveranstaltungen wie der ‚Time Warp' in Mannheim oder durch Festivals wie das ‚Fusion Festival' bestätigt. Jährlich strömen mehr als 15.000[122] Besucher nach Mannheim und rund 61.000[123] Besucher Richtung Mecklenburgische Seenplatte um ‚Die Fusion' für 4 Tage zu besuchen. Besonders auf diesem Massenfestival, welches jährlich von einem gemeinnützigen Verein, meist auf ehrenamtlicher Basis, auf die Beine gestellt wird, steht ein vielfältiges Angebot neben der elektronischen Musik im Fokus. Theater und Performance, experimentelles Kino und Installationen aus dem Bereich der bildenden Künste schaffen eine eigene Welt, in der die Besucher aufgenommen werden.[124]

---

116 Vgl. Greumler, Stefan: Interview Anhang 1, S. VIIIf.

117 Kirchner, Babette: Eventgemeinschaften. Das Fusion Festival und seine Besucher, Wiesbaden: Verlag für Sozialwissenschaften 2011, S. 17.

118 Vgl. Kirchner, Babette: Eventgemeinschaften. Das Fusion Festival und seine Besucher, a. a. O., S. 18.

119 Eigene Darstellung.

120 Vgl. Graf, Christof: Event-Marketing. Konzeption und Organisation in der Pop Musik, a. a. O., S. 49.

121 Vgl. Klein, Gabriele: Electronic Vibration. Pop Kultur Theorie, a. a. O., S. 134f.

122 Vgl. Festivalhopper: Time Warp 2011, Online im Internet: http://www.festivalhopper.de/festival/tickets/time-warp-2011.php, 26.09.2011.

123 Vgl. Fusion Festival: Fazit 2011, Online im Internet: http://www.fusion-festival.de/de/2011/festival/fazit-2011/, 26.09.2011.

124 Vgl. Kirchner, Babette: Eventgemeinschaften. Das Fusion Festival und seine Besucher, a. a. O., S. 11.

Hingegen wird in Mannheim bei der ‚Time Warp' auf „exorbitante Videoprojektionen"[125] gesetzt und die Besucher auf diese Weise in den Bann gezogen. Beide Konzepte scheinen von den Konsumenten gefordert zu werden, da diese Veranstaltungen bereits seit Jahren am Markt bestehen. Der Grund hierfür scheint in diesem Zusammenhang somit eindeutig zu sein:
„Das Fest hilft durch den kollektiven Ausstieg den Alltag zu bewältigen, dessen Last das Individuum sonst allein tragen muss."[126] Die von Babette Kirchner gemeinte Last macht sich im Alltagsleben verschieden bekannt. So besteht unter anderem ein dauerhafter Leistungsdruck für jeden Einzelnen. Diesem steht auf den Festivals unproduktives Handeln in Form von stundenlangem Tanzen oder Ausruhen gegenüber. Zudem werden jegliche Verpflichtungen verweigert. Dies macht sich dadurch bemerkbar, dass es keine Verabredungen mit Freunden außerhalb des Geländes gibt, die es einzuhalten gilt, meistens keine tiefgründigen Gespräche stattfinden und Kontaktdaten nur selten ausgetauscht werden. Neben dem Leistungsdruck besteht ein rationales Handeln im Alltag. Alle Handlungen müssen bedacht werden, um allem und allen gerecht zu werden. Auf den Veranstaltungen hingegen wird spontan und emotionsgeleitet gehandelt. Dies kann, negativ betrachtet, allerdings auch zu Unordnung und Schmutz führen. Während im Alltag eine Entkörperlichung des Individuums durch vorgegebene Kleidungsstile oder die Rationalisierung der menschlichen Arbeitskraft erfolgt, zeigt sich auf dem Festivalleben eine übersteigerte Korporalität. Die Besucher setzten Ihren Körper bewusst als Ausdrucksmedium ein. Verkleidungen sind hier oft ein unterstützendes Mittel. Außerdem wird die Körperwahrnehmung im Rausch und Tanz verstärkt gespürt. Menschen stehen hier weit im Vordergrund, ganz im Gegensatz zum Alltagsleben, wo eine Entfremdung stattfindet. Die zwischenmenschliche Kommunikation verliert immer mehr an Bedeutung. iPhone und Co. erreichen zunehmend eine höhere Stellung im Alltagsleben. Hingegen steht ein intim-familiärer Umgang im Nicht-Alltag im Vordergrund. Hier herrscht eine große Kontaktfreudigkeit, auch unter Personen, die im Alltag völlig verschieden sind.[127]

Dabei sind Festivals schon seit Jahren präsent. Jährlich werden neue Festivals gegründet und daraufhin jährlich mit wachsendem Potenzial veranstaltet. Ende der achtziger/Anfang der neunziger Jahre schossen neue Festivals förmlich aus dem Boden. In diesen Jahren wurden elektronische Musikfestivals gegründet, die heute noch existieren und jährlich tausende Besucher verzeichnen dürfen. So wurden im Jahr 1997 beispielsweise folgende Festivals gegründet: SonneMondSterne, Melt!, die eben erwähnte Fusion oder das Sonar Festival.[128]

Die folgende Abbildung zeigt alle Gründungen von Musikfestivals aller Musikrichtungen seit 1876 bis zum Jahr 2006. In den Jahren danach verzeichnete die Festivalkultur jedoch einen noch stärkeren Anstieg. So wurden im Jahr 2007 32 Festivals, im Jahr 2008 28 Festivals, im Jahr 2009 34 Festivals, im Jahr 2010 47 Festivals und im aktuellen Jahr ganze 43 Musikfestivals gegründet.[129] Ob sich diese Festivals alle in Zukunft behaupten können, wird sich zeigen. Fakt ist jedoch, dass die Jugend als Hauptzielgruppe das Bedürfnis nach diesen Veranstaltungen besitzt und bereit ist, die finanziellen Mittel für den Besuch aufzubringen. Anderenfalls wäre diese Tendenz nicht erkennbar.[130]

---

125 Virtualnights: Time Warp Mannheim, Online im Internet: http://www.virtualnights.com/events/time-warp/, 26.09.2011.

126 Kirchner, Babette: Eventgemeinschaften. Das Fusion Festival und seine Besucher, a. a. O., S. 19.

127 Vgl. Kirchner, Babette: Eventgemeinschaften. Das Fusion Festival und seine Besucher, a. a. O., S. 85.

128 Vgl. Festivalfieber.de: Gründungsjahre – Wann wurden welche Festivals gegründet?, Online im Internet: http://www.festivalfieber.de/festivals-nach-gruendungsjahren, 18.10.2011.

129 Vgl. Festivalfieber.de: Gründungsjahre – Wann wurden welche Festivals gegründet?, Online im Internet: http://www.festivalfieber.de/festivals-nach-gruendungsjahren, 18.10.2011.

130 Eigene Darstellung.

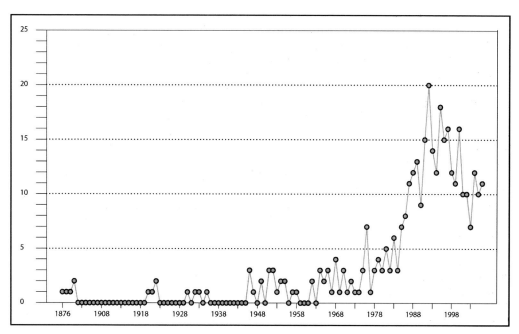

Abb. 9: Die Gründungsjahre der Festivals in Deutschland[131]

4.2.3 Aushängeschilder des Techno

Eine der ursprünglichen Techno Partys, die mittlerweile seit Jahrzehnten besteht, ist die so genannte ‚Mayday'. Im Jahr 1991 wurde sie zum ersten Mal zur Rettung des damaligen Berliner Jugendradiosenders ‚DT64' veranstaltet. Sie wurde als Protestparty geboren und findet seit dem Jahr 1993 jährlich in den Dortmunder Westfahlenhallen statt. Schon zur dritten Veranstaltung wurde die Party von 16.000 Personen besucht. Im Jahr 2011 besuchten sie rund 25.000 Besucher. Auch in diesem Jahr waren Sven Väth, Westbam, Marusha und weitere DJs der ersten Stunde dabei.[132] Ein Zeichen für die Beständigkeit der Musik und den zugehörigen Veranstaltungen.
Neben der Mayday ist der Name ‚Loveparade' auch den meisten Szenefremden bekannt. Im Jahr 1989, kurz vor Öffnung der Berliner Mauer, fand sie zum ersten Mal unter dem Motto ‚Friede, Freude, Eierkuchen' statt. Die als Friedensdemonstration angemeldete Kolonne, bestehend aus zwei Wagen, zog mit lauter Musik und gerade mal 150 Teilnehmern über den Kurfürstendamm. Im Jahr darauf nahmen bereits 2.000 Personen teil, 1991 ganze 6.000 Raver und zudem fremde Wagen, ein Wagen aus Frankfurt und einer aus Köln. Im Jahr 1994 waren es bereits 40 Wagen und 110.000 Fans. Nach weiteren Zuwächsen in den Folgejahren erreichte die Love-Parade im Jahr 1999 ihren Höhepunkt. 1,5 Millionen Menschen trafen sich in Berlin, um unter dem Motto ‚Music is the key' zu feiern. In den Jahren danach pendelte sich die Besucherzahl bei rund 750.000 ein. Jedoch musste die Parade für die Jahre 2004 & 2005 pausieren. Geldsorgen erlaubten das Stattfinden nicht. Die Aberkennung des Status einer Demonstration im Jahr 2001 führte dazu, dass sämtliche Kosten (z.B. die anschließende Straßenreinigung) vom Veranstalter getragen werden mussten und nicht von der Stadt Berlin. Nachdem im Jahr 2006 die Veranstaltung noch einmal in Berlin stattfand, wurde sie für die Folgejahre europaweit ausgeschrieben. Nach Essen im Jahr 2007 und einem neuen Besucherrekord in Dortmund mit 1,6 Millionen Menschen im

---

131 Deutsches Musikinformationszentrum: Gründungsjahre der Festivals in Deutschland, Online im Internet: www.miz.org/intern/uploads/statistik89.pdf, 15.03.2007.

132 Vgl. Kreienbrink, Ingmar: Techno-Party Mayday feiert mit „Twenty-Young" ihr Jubiläum in Dortmund, Online im Internet: http://www.derwesten.de/kultur/Techno-Party-Mayday-feiert-mit-Twenty-Young-ihr-Jubilaeum-in-Dortmund-id4326246.html, 24.02.2011.

Jahr 2008, sagte Bochum im Januar 2009 die Party aufgrund der nicht ausreichenden Kapazitäten der Infrastruktur kurzerhand ab. Es gab kein 20jähriges Jubiläum.[133] Im Jahr 2010 findet die Loveparade ein trauriges Ende in Duisburg. Während der Party werden 21 junge Menschen bei einem Massengedränge zu Tode getreten, gerissen oder gedrückt. Laut Veranstalter wird es aufgrund der Vorkommnisse keine Loveparade mehr geben.[134] Ein Beispiel dafür, welchen Einfluss negative Nachrichten auf eine am Markt fest positionierte Veranstaltung haben können.

4.2.4 Die angesprochene Szene

4.2.4.1 Das Modell von Zentner & Heinzlmaier

Die Besucher der musikalischen Events lassen sich nach dem Modell von Zentner & Heinzlmaier in verschiedene Gruppen eingrenzen. Ihre Theorie besagt jedoch, dass Szenen eine Angelegenheit der Jugendlichen sind. Mit einem Alter von 24 Jahren nimmt laut der Theorie die Szenenbindung stark ab und das Geschehen wird nur noch aus der Ferne beobachtet.
Dabei wird in drei verschiedene Szenen unterschieden:[135]

> **„Die Kernszene**
>
> Der Kernszene sind jene Jugendlichen zugehörig, die sich zu 100% mit einer Szene identifizieren und den Code ihrer Szene sowohl auf sprachlicher, modischer, musikalischer als auch philosophisch-weltanschaulicher Ebene im höchstmöglichen Ausmaß reproduzieren. Ihr Leben spielt sich an den Szene-Locations ab, ihre Freunde und Freundinnen kommen aus der Szene, sie lesen Szenezeitschriften und sprechen ihren speziellen Szenejargon. Andere Szenen sind für sie mäßig interessant.
>
> **Die Randszene**
>
> Die Randszene hingegen beherbergt die so genannten Szeneflaneure. Auch sie beherrschen den Szenecode mehr oder weniger perfekt, nehmen die ganze Sache aber nicht so ernst wie die Kernszenejugendlichen. (...)
>
> **Die Freizeitszene**
>
> Dort finden sich all jene Menschen wieder, die, wie der Name schon sagt, nur gelegentlich an den Szene-Aktivitäten partizipieren und auch nur ein Grundwissen der Szenecodes beherrschen. Der Begriff ‚Freizeitszene' ist hier allerdings etwas unglücklich gewählt, da die Szenezugehörigkeit auch für die Kern- und Randszene meist ein reines Freizeitvergnügen ist."[136]

---

[133] Vgl. Janson, Eva: Die Geschichte der Loveparade, Online im Internet: http://www.en-mosaik.de/wp-content/pdf/Die%20Geschichte%20der%20Loveparade.pdf, 18.10.2011.

[134] Vgl. Gerstenberg, Frank: Somewhere Over the Rainbow, Online im Internet: http://www.stern.de/panorama/gedenkfeier-zur-loveparade-katastrophe-somewhere-over-the-rainbow-1709527.html, 24.07.2011.

[135] Vgl. Büttner, André; van der Ree, Ivo: Event- und Szenemarketing. Hintergründe, Strategien und Perspektiven, a. a. O., S. 44.

[136] Büttner, André; van der Ree, Ivo: Event- und Szenemarketing. Hintergründe, Strategien und Perspektiven, a. a. O., S. 44f.

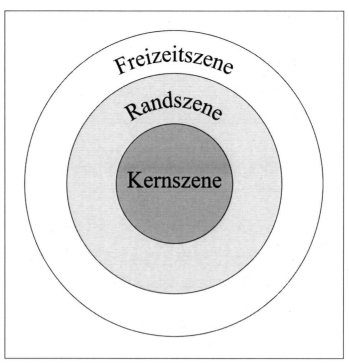

Abb. 10: Das Szenemodell von Zentner & Heinzlmaier[137]

4.2.4.2 Das Modell von Hitzler, Bucher und Niederbacher

Hingegen betrachtet das Modell von Hitzler, Bucher und Niederbacher die Szenen als Netzwerke von Gruppen. Hauptaugenmerk liegt hier im Alter der Mitglieder. Innerhalb der einzelnen Gruppen sind die Mitglieder altershomogen, die einzelnen Gruppen jedoch können sich im Alter stark unterscheiden. Die Kommunikation innerhalb einer Gruppe ist hoch, während zwischen den Gruppen eine geringe Kommunikation herrscht.
Im Gegensatz zum vorherigen Modell bildet hier den Kern der Szene die Organisations-Elite, die hauptsächlich aus langjährigen Szenegängern besteht und somit über langjähriges Wissen verfügt. Sie stellen Verbindungen zu anderen Organisationen her und organisieren die Veranstaltungen. Sie besitzen Privilegien wie freien Eintritt oder Zugang zu VIP-Bereichen auf Veranstaltungen. Die Randszene wird in diesem Modell als ‚Heavy User' beschrieben. Diese Gruppe beinhaltet Personen, deren Involvement höher ist als bei den ‚Normalos', die ganz außen am Rand der Szene stehen. Jedoch gibt es bei diesem Modell keine scharfen Szene- und Gruppengrenzen. Wichtig ist, dass, im Gegensatz zum Modell von Zentner und Heinzlmaier, die Jugendlichen am Rand der Szene stehen können, während die Alteingesessenen den Kern bilden.[138]

---

137 In Anlehnung an: Büttner, André; van der Ree, Ivo: Event- und Szenemarketing. Hintergründe, Strategien und Perspektiven, a. a. O., S. 45.

138 Vgl. Büttner, André; van der Ree, Ivo: Event- und Szenemarketing. Hintergründe, Strategien und Perspektiven, a. a. O., S. 46.

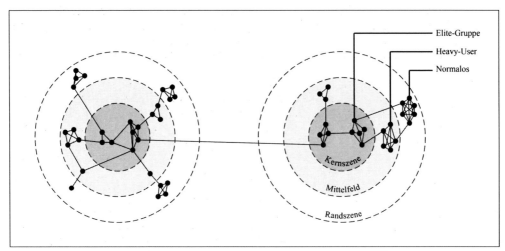

Abb. 11: Das Szenemodell von Hitzler, Bucher & Niederbacher[139]

4.2.4.3 Die Rollentheorie

Der Grund für eine Szenezugehörigkeit ist oft das Resultat nach der Suche von sozialem Halt. Jeder Mensch muss im Alltagsleben bestimmte Anforderungen erfüllen, um sich behaupten zu können. An jede soziale Position sind, wie bereits erwähnt, viele Anforderungen geknüpft. So muss der Abteilungsleiter beispielsweise neben der Arbeit noch Vater, Ehemann und Sohn sein. Die Summe aller Rollen bezeichnet man als ‚Rollset'. Da ist die Flucht aus dem Alltag eine gute Lösung, um sich von der herkömmlichen Alltagsrolle zu entfernen. Die alltägliche Position wird temporär verlassen und in eine andere Rolle geschlüpft, an welche wiederum andere Erwartungen geknüpft sind. Das Ausführen von Rollen wird als ‚Rollenspiel' bezeichnet, welches von den folgenden Bausteinen bestimmt wird:
So ist das Lernmilieu das Umfeld, in der die Person das Rollenverhalten erlernen kann. Beispielsweise der Club: Hier werden die Verhaltensweisen von anderen Gruppenmitgliedern, die sich bereits in der angestrebten Rolle befinden, abgeschaut. Dies ist zum Beispiel der Tanzstil oder die Wahl der Kleidung. Die Situation des Rollenspiels ist hier entscheidend. Die Örtlichkeit, der Zeitpunkt und die Rollenspieler nehmen Einfluss auf die Wirkung. Dabei nimmt jede Person die Situation anders wahr, denn auch hier spielen wieder verschiedene Gegebenheiten eine Rolle. Zum Beispiel spielen die Interaktionspartner, die zeitliche Begrenzung und der Faktor, ob sich die Person von der Alltagswelt mental lösen kann eine Rolle. Denn in der neuen Rolle muss der Rollenspieler seine herkömmliche Rolle so weit in den Hintergrund setzen können, dass die Erbringung von eigenen Ich-Leistungen kein Problem darstellen.
Im weiteren Verlauf der Rollenentwicklung kann das Rollenverhalten durch Kontaktverlust zu Gruppenmitgliedern oder durch die fehlende Distanzierung zur Alltagsrolle gestört werden. Zudem kann die Szene sich derart weiterentwickeln, dass der Rollenspieler irgendwann die Orientierung verliert und sich von der Rolle distanziert. Neben den möglichen Störungen kann es auch zu Konflikten mit der eigenen Rolle kommen: wenn beispielweise die Alltagsrolle nicht mit der zweiten Rolle harmonisieren kann.[140] Dies könnte der Fall sein, wenn ein Pfarrer nun jedes Wochenende als DJ tätig sein mag und jeden Sonntag bis mittags in Diskotheken stehen würde, obwohl er eigentlich die Messe halten müsste.[141]

---

[139] In Anlehnung an: Büttner, André; van der Ree, Ivo: Event- und Szenemarketing. Hintergründe, Strategien und Perspektiven, a. a. O., S. 47.

[140] Vgl. Büttner, André; van der Ree, Ivo: Event- und Szenemarketing. Hintergründe, Strategien und Perspektiven, a. a. O., S. 73ff.

[141] Eigene Darstellung.

Alle Arten von Rollen binden sich immer an Gruppen. Man unterscheidet hier Mitgliedschafts- und Bezugsgruppen. Bei Zugehörigkeit zu einer Mitgliedschaftsgruppe hat ein Individuum darin einen festen Platz und gehört demnach relativ stabil dazu. Bezugsgruppen hingegen bestimmen das Verhalten des Individuums mit und bieten ihm eine Indentifikationsbasis.

So stellt das Modell von Zentner und Heinzlmaier die Szene als Bezugsgruppe dar. Die Rolle der Personen, sprich die Zugehörigkeit zur entsprechenden Szene, wird hier durch das Verhalten oder durch den Grad der Identifikation bestimmt.

Beim Modell von Hitzler, Bucher und Niederbacher handelt es sich um eine Mitgliedschaftsgruppe. Denn hier erlangt man einen bestimmten Status nur durch echtes Engagement innerhalb der Szene. Dies fängt beim Haarschnitt oder Lesen von Szeneliteratur an und hört bei der intensiven Kontaktpflege zu Szeneangehörigen auf. Im Laufe der Zeit entpuppt sich der Einsteiger, erst als Mitläufer und später als DJ, Merchandiser[142] oder Veranstaltungsorganisator. Dabei kann jeder Einsteiger selbst wählen, wie weit er in seiner Rolle gehen mag. Er bestimmt ganz allein, was die Identität der Rolle ausmachen soll. Der Einfluss der Sekundärgruppen steigt mehr und mehr, da sie als Orientierungshilfe bei der Vielfalt der Wahlmöglichkeiten dienen.[143]

4.3 Bedeutung für die Marke

4.3.1 Wirtschaftlichkeit

Ob ein Event einer Marke überhaupt stattfinden sollte, hängt unter anderem auch von der ökonomischen Komponente, sprich von der Gesamtwirtschaft und der finanziellen Situation des Unternehmens ab. Denn nur ein Event, was auch besucht werden kann, weil den Interessenten die nötigen finanziellen Mittel zur Verfügung stehen, kann Erfolg haben. So spielen das Einkommen und die Kaufkraft der Nachfrager, das zur Verfügung stehende Kapital der Labels und bei groß angelegten Events die internationalen Devisenkurse eine Rolle.[144]

Aus diesem Grund ist es erforderlich, in einem gewissen Rahmen ein Marketingcontrolling zu führen. Dies stellt sicher, wirtschaftlich zu arbeiten, um am Markt bestehen zu bleiben. Als Hauptaufgabe hat das Marketingcontrolling eine Entscheidungsunterstützungsfunktion. Diese Funktion übernimmt die Aufgaben der Informationsfunktion und der Kontrollfunktion. Die Informationsfunktion dient der Beschaffung und Zusammenstellung erforderlicher Daten für eine Entscheidungssituation. Die Daten können dabei aus internen als auch externen Informationsquellen stammen, zum Beispiel bei der Frage nach den Getränkepreisen. Daten aus der internen Kostenrechnung bestimmen hierbei die Preisuntergrenze, während externe Daten die Preisbereitschaft der Besucher analysieren. Die Kontrollfunktion baut auf die Informationsfunktion auf. Das Ziel dieser Funktion ist die Aufdeckung von Fehlentwicklungen und Verbesserungspotenzialen. Für diese Funktion gibt es zwei mögliche Instrumente. Zum einen den Soll-Ist-Vergleich, der zur Aufgabe die Überprüfung der quantifizierbaren Ziele hat und zum anderen die zukunftsbezogenen Marketing-Audits. Sie dienen der Überprüfung, ob unterstellte Prämissen und Rahmenbedingungen für das zukünftige Handeln existieren. Dieses Instrument dient somit nur der Analyse zukünftiger Entscheidungen, nicht jedoch der Überprüfung von Resultaten alter Aktionen. Dabei ist es für das Fortbestehen des Unternehmens sinnvoll, beide Instrumente parallel einzusetzen.[145]

---

142 Person, die musikbezogene Ware an Interessenten vertreibt.

143 Vgl. Büttner, André; van der Ree, Ivo: Event- und Szenemarketing. Hintergründe, Strategien und Perspektiven, a. a. O., S. 75ff.

144 Vgl. Graf, Christof: Event-Marketing. Konzeption und Organisation in der Pop Musik, a. a. O., S. 70.

145 Vgl. Meffert, Heribert; Burmann, Christoph; Kirchgeorg, Manfred: Marketing. Grundlagen marktorientierter Unternehmensführung. Konzepte – Instrumente – Praxisbeispiele, a. a. O., S. 796f.

4.3.2 Emotionen durch Musik

„Emotionen sind jene psychischen Erregungen, die subjektiv wahrgenommen werden. Dazu zählen die folgenden zehn angeborenen (primären) emotionalen Grundhaltungen: Interesse, Freude, Überraschung, Kummer, Zorn, Ehre, Geringschätzung, Furcht, Scham und Schuldgefühl."[146]

Im besten Fall, und so sollte es sein, werden die ersten drei Emotionen während der Veranstaltung beim Konsumenten ausgelöst. Dies kann einerseits durch die vom DJ gespielte Musik erfolgen, „die allein schon Emotionen durch tiefe Bässe oder lustige Melodien weckt"[147], ebenso wie durch die Gestaltung der Location.

Die Wahl der Titel gespielten liegt in der Hand des DJs. Jeder DJ spielt seinen eigenen Stil, welcher wiederrum zur Veranstaltung zugehörig ist. So hat jede Veranstaltung seinen eigenen Musikstil innerhalb der elektronischen Musik.

Die gespielten Lieder unterscheiden sich alle durch verschiedene Rhythmen & Bässe und die eingesetzten Instrumente. Allein dadurch werden Emotionen beim Besucher geweckt. Jedoch kann der DJ auch eine Menge Unterhaltung, zusätzlich oder passend zu seinem Set, einbringen. So kann er die Besucher durch Gestiken dazu bringen, dass alle zeitgleich klatschen oder die Feuerzeuge aus den Taschen holen und entzünden. Eine weitere sehr emotionsgebundene Aktion ist das so genannte ‚sitdown'. Der DJ dreht die Lautstärke an einer Stelle eines Liedes herunter und macht allen Besuchern klar, dass sie sich auf den Boden knien sollen. Während dies geschieht, läuft die Musik im Hintergrund leise weiter. Wenn nun fast keiner mehr steht, blicken alle gespannt auf den DJ. Der spielt kurz die Musik leise weiter, erhöht die Lautstärke bei Einsatz des Beats im Song jedoch abrupt. In diesem Moment springen alle Besucher auf und tanzen viel wilder als zuvor. Die Leute strahlen sich daraufhin an und man sieht den Spaß in ihren Gesichtern. Solche Aktionen stärken das Gruppengefühl auf einer Veranstaltung enorm. Die Erinnerung daran setzt sich in die Köpfe der Besucher und man entwickelt so ein positives Bild zur Veranstaltung und somit zeitgleich zum Label.[148]

Während dem Event werden von den Gästen die verschiedensten Emotionen gezeigt. Die Leute schreien oder pfeifen laut, wenn sie ein Lied gut finden. Sie schließen die Augen und lassen sich treiben, wenn sie besonders emotional angesprochen werden. Ebenso wird bei bestimmten Liedern eine erhöhte Intimität zwischen den Besuchern wahrgenommen.[149]

Entscheidend für die Aufnahme von Reizen sind die fünf Sinnesorgane des Menschen: das Auge, die Nase, die Zunge, das Ohr und die Haut. Auf den Events stellen die Nase und die Zunge eine zweitrangige Position dar. Zwar gibt es auch hier Dinge, die mittels dieser Sinnesorgane erlebt werden können, jedoch stehen diese nicht im Vordergrund der Musikmarke. Die Musik wird hauptsächlich über den Gehörsinn, also das Ohr, wahrgenommen. Jedoch spielt hier ebenso der Tastsinn der Haut eine Rolle, da die Schallwellen der Bässe bei erhöhter Lautstärke gefühlt werden können. Das Auge untermalt die wahrgenommene Musik mit dem visuellen Erscheinungsbild. Alle aufgenommenen Nervenimpulse werden an das Hirn weitergeleitet und dort verarbeitet.[150]

---

146 Meffert, Heribert; Burmann, Christoph; Kirchgeorg, Manfred: Marketing. Grundlagen marktorientierter Unternehmensführung. Konzepte – Instrumente – Praxisbeispiele, a. a. O., S. 111.

147 Greumler, Stefan: Interview Anhang 1, S. X.

148 Vgl. Greumler, Stefan: Interview Anhang 1, S. X.

149 Vgl. Reuter, Tim: Interview Anhang 2, S. XV.

150 Vgl. Herbrand, Nicolai O.: Schauplätze dreidimensionaler Markeninszenierung. Innovative Strategien und Erfolgsmodelle erlebnisorientierter Begegnungskommunikation, Stuttgart: Edition Neues Fachwissen GmbH 2008, S. 100f.

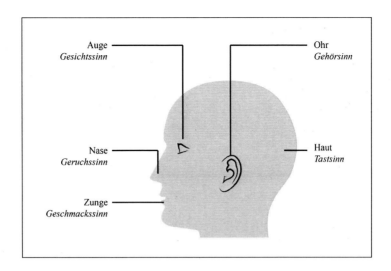

Abb. 12: Die fünf Hauptsinne unserer Wahrnehmung[151]

Mit Hilfe der S-O-R Theorie lässt sich das dadurch entstehende Musikkonsumverhalten genauer erklären. Dieses Modell geht davon aus, dass ein bestimmter Reiz (S=Stimuli) zu einer Reaktion (=R) führt. Zwischen dem Input und Output nehmen verschiedene Komponenten auf die Reaktion Einfluss. Dieser Bereich wird als Organismus (=O) bezeichnet.
Auf die Besucher eines Events wirken die audiovisuellen Reize. Diese stellen den Input dar und treffen auf den Organismus. Dort werden die bereits erwähnten affektiven und kognitiven Prozesse in Gang gesetzt.
Unter den kognitiven Prozessen versteht man hier die gedankliche Verarbeitung der musikalischen Reize. Dieser Prozess beginnt mit der Aufnahme der akustischen Reize im Ohr und darauffolgenden Weiterleitung zu verschiedenen Gehirnarealen. Von dort werden die Reize an den kognitiven Bereich höherer Hirnebenen weitergeleitet. Hier werden die Reize verarbeitet und auf Informationen früherer Erfahrungen zurückgegriffen. Somit basiert das Erkennen eines bestimmten musikalischen Wahrnehmungsgegenstandes, zum Beispiel eines Liedes, auf vorhandenen gelernten Schemata. Daraus entwickelt sich das Musikwissen. Dies kann neben musikalischen auch aus sprachlichen oder bildlichen Vorstellungen bestehen.
Unter den affektiven Prozessen versteht man hingegen die inneren Erregungen und Spannungen, die das Verhalten antreiben. Diese können in Emotionen, Motivation oder Einstellungen unterschieden werden. Dabei ist bei jeder Person die Intensität der körperlichen Aktivierung verschieden, da sich alle Menschen in ihrer körperlichen & emotionalen Stabilität unterscheiden und die Einstellung zur gespielten Musik nicht immer gleich ist. Zudem ist die Lautstärke der Musik einflussnehmend.
Die Reaktion, sprich der Output, führt dann zu einer Anpassung des Konsumverhaltens. Bei positivem Output kann es im besten Fall zu einer emotionalen Bindung zur Marke führen.[152]

---

151 In Anlehnung an: Herbrand, Nicolai O.: Schauplätze dreidimensionaler Markeninszenierung. Innovative Strategien und Erfolgsmodelle erlebnisorientierter Begegnungskommunikation, a. a. O., S. 100.

152 Vgl. Engh, Marcel: Popstars als Marke. Identitätsorientiertes Markenmanagement für die musikindustrielle Künstlerentwicklung und- vermarktung, a. a. O., S. 104ff.

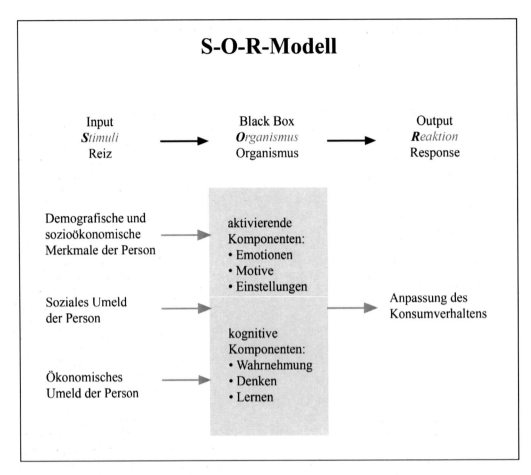

Abb. 13: Die S-O-R Modelle[153]

Verstärkt werden die Emotionen auf einem Event durch das so genannte Iso-Prinzip. Bei diesem Prinzip wird die Gestaltung der Location der Musik angepasst und nicht kontrastiv gestaltet. Empirische Studien belegen, dass hierbei Jugendliche ein engeres emotionales Verhältnis aufbauen können.[154]

---

153 In Anlehnung an: Engh, Marcel: Popstars als Marke. Identitätsorientiertes Markenmanagement für die musikindustrielle Künstlerentwicklung und- vermarktung, a. a. O., S. 104.

154 Vgl. Engh, Marcel: Popstars als Marke. Identitätsorientiertes Markenmanagement für die musikindustrielle Künstlerentwicklung und- vermarktung, a. a. O., S. 130f.

5 Beziehung zwischen Marken und Events

5.1 Promotion

Bevor die Veranstaltung einer Marke stattfindet, muss sich diese präsent zeigen. Die potenziellen Besucher müssen auf das Event aufmerksam gemacht werden. Dies geschieht durch die Werbung über Funk, Fernsehen, Internet oder die Printmedien. Lohnenswert ist die Schaltung von Anzeigen in lokalen Szene- und Stadtmagazinen, denn hier kann die Zielgruppe fokussiert angesprochen werden. Die Streuverluste sind gering. Nebenbei erwies sich die Verteilung von Flyern als effizient, wenn zeitgleich designgleiche Plakate an öffentlichen Plätzen platziert werden. Bei dieser Promotionaktion ist allerdings besonders darauf zu achten, dass gezielt potenzielle Interessenten angesprochen werden, da es sich um ein recht teures Promotion Tool handelt. Entscheidend ist, die Zielgruppe immer wieder auf die Veranstaltung aufmerksam zu machen. Unterstützt werden kann dies durch E-Mail Newsletter. Entweder besteht bereits eine Verteilerliste, in welche sich die Internetnutzer haben aufnehmen lassen, oder man wirbt indirekt über Newsletter von lokalen Veranstaltungsseiten. Effizienter ist jedoch die direkte Online-Promotion. In den Zeiten des Web 2.0 hat dieser Weg der Bekanntmachung erheblich an Gewicht gewonnen. Die Präsenz einer eigenen Internetseite stellt die Grundlage. Hier können die Besucher gezielt Informationen über die anstehende Veranstaltung sowie über das Unternehmen sammeln. Neben der eigenen Website bieten soziale Netzwerke hervorragende Möglichkeiten, Promotion durchzuführen. Auf Seiten wie facebook, studiVZ, twitter oder flickr können die Marken ein eigenes Profil erstellen und alle Interessenten des Profils mit Informationen versorgen.[155] Veranstaltungen können hier angelegt werden und Besucher virtuell eingeladen werden, die dann über Mitteilungen auf dem aktuellen Stand gehalten werden können. Neuerdings besteht sogar für die Veranstalter die Möglichkeit, über facebook vorab die Eintrittskarten zu verkaufen. Die Handhabung unterscheidet sich von herkömmlichen online Tickethändlern kaum.[156] Bei der Präsenz der Marke mit eigenem Profil gibt es jedoch bestimmte Vorgaben der Internetseite, die es einzuhalten gilt. Zwar gibt es kein Patentrezept, was die Besucher zum langen Verweilen auf dem Profil hält, allerdings sind der Fantasie nur wenige Grenzen gesetzt. Die zentrale Voraussetzung für einen langfristigen Erfolg stellt jedoch die gute Pflege zum Kundenstamm. So sollten auf der eigenen Seite keine langweiligen Informationen oder schlechte Fotografien präsentiert werden. In regelmäßigen Abständen sollte der Bezug zu den Fans hergestellt werden. Dies kann durch das Bereitstellen von Videos des letzten Events bis hin zu Empfehlungsschreiben bestimmter Musiker reichen. Dabei müssen jedoch alle Daten stets auf dem neuesten Stand sein, da sonst die Meinung entstehen könnte, dass es die Marke gar nicht mehr gibt. Beim Webauftritt kann weniger auch mehr sein. Es muss nicht die gesamte Präsenz aufwendig animiert sein. Solange alle Informationen sauber vermittelt werden, ist dies ausreichend. Um den Besuchern der Seite etwas Besonderes zu bieten, ist es lohnenswert, zum Beispiel einen Live-Mitschnitt einer letzten Veranstaltung zum Gratis-Download anzubieten oder sie mit ihren Verbesserungsvorschlägen in die Planung der Folgeevents einzubeziehen.[157]
Daneben bieten Musikplattformen wie laut.de, tonspion.de oder soundcloud, Musikempfehlungsseiten wie last.fm und Musikvideo-Plattformen wie tape.tv oder putpat.tv die Möglichkeit, sich über Musiker oder Veranstaltungen zu informieren.
Da das kommerzielle deutsche Radio gewöhnlich keine elektronische Musik spielt, bleiben nur die Webradios im Internet als weiterer Weg der Promotion. Allerdings hat sich das Internetradio in Deutschland immer noch nicht durchgesetzt. Von rund 2.000

---

155 Vgl. Lyng, Robert; Heinz, Oliver; v. Rothkirch, Michael: Die neue Praxis im Musikbusiness, 11., a. a. O., S. 173ff.
156 Vgl. Greumler, Stefan: Interview Anhang 1, S. XII.
157 Vgl. Lyng, Robert; Heinz, Oliver; v. Rothkirch, Michael: Die neue Praxis im Musikbusiness, 11., a. a. O., S. 144f.

Webchannels aller Musikrichtungen haben sich bislang nur rund 100 als relevant eingestuft.[158]
Nur sehr wenige Radiosender der elektronischen Musik haben es bislang geschafft über lange Zeit auf dem herkömmlichen Sendeweg zu bestehen. Der national bekannteste davon ist ‚sunshine live'. Bei diesem Sender wird viel Wert auf die Internetpräsenz gelegt. So ist es dem Unternehmen als erster deutscher Radiosender gelungen, 200.000 „gefällt mir" Klicks[159] bei facebook zu erhalten. Laut dem Marketingleiter des Senders entspricht die Präsenz und das daraus folgende Ergebnis dem Claim des Unternehmens: „wir sind unter euch". Das Ziel sei es auch in Zukunft den Kontakt zur Hörerschaft weiter zu intensivieren.[160]

5.2 Das Event (Label) als Marke

5.2.1 Funktionen der Marke auf Events

Musiklabels besitzen die gleichen Eigenschaften wie eine Produktmarke. Es wird ein Mehrversprechen an die Interessenten nach Außen getragen. Das Mehrversprechen bei einer Veranstaltung besteht darin, die Besucher auf dem erwarteten Niveau über die gesamte Veranstaltungszeit zu unterhalten.[161]
Das Konzept der Veranstaltung kann jedoch nur dann Erfolg aufweisen, wenn die Bedürfnisse der Besucher tatsächlich befriedigt werden. Daher ist es wichtig zu wissen, welche Anforderungen von den Besuchern an die Marke gestellt werden. Da jedoch jeder Besucher andere Vorstellungen besitzt und diese je nach Laune wechseln können, ist die Erstellung eines eindeutigen Besuchsmotives kaum möglich. Daher muss das Konzept so gestaltet sein, dass eine möglichst breite Masse an verschiedenen Bedürfnissen befriedigt wird. Das vom Unternehmen erstellte Besuchsmotiv muss die Motive der Besucher für das Erscheinen auf der Veranstaltung abdecken. So sucht der Interessent immer eine gewisse Faszination auf der Veranstaltung. Diese Faszination muss auf der Veranstaltung spürbar sein, sodass der Besucher zufrieden gestellt wird. Des Weiteren wird der Besucher aufgrund seiner Begeisterung für die Marke oder allgemein für Tanzveranstaltungen oder Festivals erscheinen. Neben den auf sich selbst bezogenen Motivationsgründen besuchen die Personen aufgrund von gesellschaftlichem Interesse Veranstaltungen dieser Art. Ihnen liegt etwas am sozialen Umgang mit Gleichgesinnten.[162]

---

158 Vgl. Lyng, Robert; Heinz, Oliver; v. Rothkirch, Michael: Die neue Praxis im Musikbusiness, 11., a. a. O., S. 178.

159 Angemeldete Mitglieder bei facebook können auf der Profilseite von Unternehmen, Produkten etc. einen „gefällt mir" Button drücken. Dadurch zeigen sie anderen Mitgliedern, was ihnen gefällt.

160 Vgl. JB: sunshine live knackt die 200.000 „gefällt mir" – Marke bei Facebook!, Online im Internet: http://www.radioszene.de/31974/sunshine-live-knackt-die-200-000-gefaellt-mir-marke-bei-facebook.html, 22.11.2011.

161 Vgl. Reuter, Tim: Interview Anhang 2, S. XIV.

162 Vgl. Herbrand, Nicolai O.: Schauplätze dreidimensionaler Markeninszenierung. Innovative Strategien und Erfolgsmodelle erlebnisorientierter Begegnungskommunikation, a. a. O., S. 486.

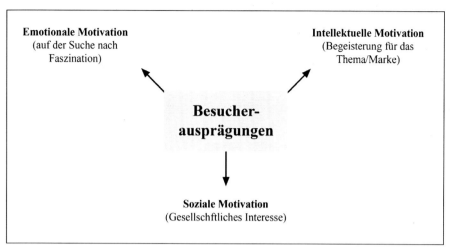

Abb. 14: Die Besuchermotivationen[163]

5.2.2 Einfluss von Events auf die Marke

Grundsätzlich sollen die Events die Bekanntheit der Marke erhöhen, das Image verbessern und über die Marke informieren. Entscheidend ist, dass, wie schon erwähnt, ein Erlebnis für die Besucher stattfinden muss, das einen positiven Imagetransfer zur Folge hat. Die Wahrnehmung der Marke auf der Veranstaltung spielt eine große Rolle dafür. Alle Besucher erscheinen in der Regel freiwillig und bieten daher ein großes Involvement. Der Drang etwas zu erleben soll befriedigt werden. Dabei bietet ein Event allein keine großen Chancen, eine der genannten Ziele zu erreichen. Um ein Image aufzubauen oder die Bekanntheit zu fördern, müssen mehrere Events in gewissen Abständen nacheinander stattfinden. Nur so können die Emotionen eines Events verarbeitet werden und sich auf das folgende vorbereitet werden.[164]

Damit das Event die Marke in richtiger Weise repräsentiert, muss eine Identität der Veranstaltung geschaffen werden. Die Atmosphäre vor Ort muss die geschaffene Erlebniswelt sowie die Ideen des Veranstalters repräsentieren. Auch die Wettbewerber haben Ideen, also muss die Veranstaltung gewisse Innovationen aufweisen, die mit der Marke in Verbindung gebracht werden. Wenn vor Ort unter den Besuchern oder zwischen Besuchern und Mitarbeitern über die Erlebniswelt diskutiert wird, bleiben die Eindrücke leichter in den Gedanken der Besucher hängen. Dabei ist auch hier darauf zu achten, dass die Markenerlebniswelt in Beziehung zur Marke steht. Denn wenn sie die Besucher zum Staunen bringt, erhöht dies das Ansehen der Marke.[165]

---

[163] In Anlehnung an: Herbrand, Nicolai O.: Schauplätze dreidimensionaler Markeninszenierung. Innovative Strategien und Erfolgsmodelle erlebnisorientierter Begegnungskommunikation, a. a. O., S. 486.

[164] Vgl. Meffert, Heribert; Burmann, Christoph; Kirchgeorg, Manfred: Marketing. Grundlagen marktorientierter Unternehmensführung. Konzepte – Instrumente – Praxisbeispiele, a. a. O., S. 680ff.

[165] Vgl. Herbrand, Nicolai O.: Schauplätze dreidimensionaler Markeninszenierung. Innovative Strategien und Erfolgsmodelle erlebnisorientierter Begegnungskommunikation, a. a. O., S. 268f.

5.2.3 Visualisierung der Musikmarke

Auf den Events werden alle Konsumenten in eine visuelle Erlebniswelt eingebunden. In dieser Welt werden Bilder, Wörter, Emotionen, Geräusche und Empfindungen wahrgenommen, die später mit der Marke in Verbindung gebracht werden. Je stärker die Einflüsse empfunden werden, desto besser bleiben sie im Gedächtnis bestehen.
Das Involvement jedes Besuchers ist anders. Jedoch können auch passive Besucher ein hohes Involvement aufweisen, bspw. allein durch ihre Anwesenheit. Wenn man die Art der Teilnahme der Besucher an Events unterscheiden will, erreicht man dies durch die Einteilung der Besucher in vier Gruppen. Sie unterscheiden sich in dem Grad der physischen Beteiligung und dem Grad des emotionalen Involvements. Nach dieser Unterscheidung erhält man vier sogenannte Sphären: Unterhaltung, Ästhetik, Bildung und Flow. Entscheidend ist der Flow, denn dieser soll im Optimalfall durch die audiovisuellen Einflüsse auf dem Event erreicht werden. Bei dem Flow taucht der Besucher extrem viel tiefer in das Erlebnis ein als bei der Unterhaltung oder der Bildung. Er versinkt förmlich im Erlebnis und stellt einen aktiv einbezogenen Teilnehmer dar. Die wichtigsten Eigenschaften dieses Zustandes sind eine hohe Konzentration, ein intensives Eingebundensein im Geschehen, das Verspüren der Eindeutigkeit der Ziele und der Selbstbezogenheit sowie der Verlust des Zeitgefühls. Bei Erreichung dieses Zustandes brennen sich förmlich positive Erinnerungen in den Kopf der Besucher. Da dieser Zustand erneut verspürt werden will, wird der Besucher Folgeevents mit hoher Wahrscheinlichkeit aufsuchen.[166]

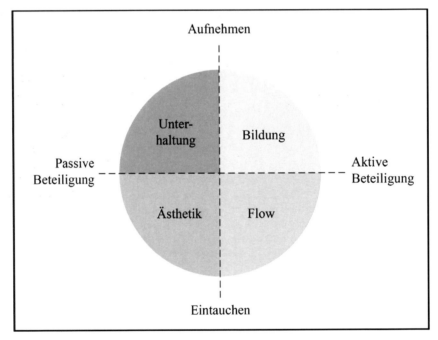

Abb. 15: Die Erlebnissphären[167]

---

166 Vgl. Herbrand, Nicolai O.: Schauplätze dreidimensionaler Markeninszenierung. Innovative Strategien und Erfolgsmodelle erlebnisorientierter Begegnungskommunikation, a. a. O., S. 23ff.

167 In Anlehnung an: Herbrand, Nicolai O.: Schauplätze dreidimensionaler Markeninszenierung. Innovative Strategien und Erfolgsmodelle erlebnisorientierter Begegnungskommunikation, a. a. O., S. 24.

Neben den auf dem Event vollzogenen Visualisierungen verfolgt jede Marke das Ziel der Einhaltung eines Corporate Designs. Für die Konsumenten dienen bestimmte Elemente wie das Logo oder andere Bestandteile des Corporate-Design-Handbuchs[168] als Wiedererkennungsmerkmal. Die Gestaltung der Internetseite, der Flyer, der Tickets oder der Visitenkarten muss im Einklang stehen, damit die Visualisierung der Marke im Einklang steht. Aus Sicht der DJs macht es beim Plattenkauf jedoch keinen Unterschied ob ein Label mit einem guten Corporate Design auftritt oder nicht. Für die Musiker ist die Musik entscheidend, denn ein professionell wirkendes Design kann auf ein ‚Kommerz-Label' hindeuten, welches die finanziellen Mittel hat, darin zu investieren.[169]

5.2.4 Die angewandte Technologie

„Im Event-Markt bestimmen durch die stete Erlebnisnachfrage zunehmend die Technologien in den Bereichen Optik und Akustik Erfolg und Mißerfolg [sic] eines Event-Angebotes."[170] Diese Erkenntnis liegt bereits mehr als 12 Jahre zurück und seit dem hat sich im technologischen Bereich so ziemlich alles weiterentwickelt.
Heute gilt: „Erfolgreiche Marken-Erlebniswelten sind (...) gekennzeichnet von Überraschungen, die durch technische Effekte oder visionäre Aspekte ausgelöst werden können."[171]
Techno wurde schon immer mit neuen Technologien verbunden. Allein die Musik an sich bedient sich ursprünglich an computergenerierten Klängen.[172] So werden damit unverwechselbare und aufmerksamkeitsstarke Eindrücke geschaffen, welche die Markenbotschaft übermitteln. Die Verwendung von z.B. innovativen Materialien vermittelt den Eindruck, immer auf dem neuesten Stand sein zu wollen.[173]
Neben aufwendiger Dekoration eines Clubs oder Raumes ist die Techno-Musik bekannt für die Verwendung von Rauminstallationen, Licht- und Videoprojektionen sowie für den Einsatz von Stroboskopen und Laserstrahlen. Sie sollen den Raum entmaterialisieren, indem sie die Raumgrenzen virtuell erweitern. Das Zusammenspiel von Musik und Dekoration ergibt ein rein digital produziertes, multimediales Spektakel. Es entsteht so eine neue Wirklichkeit in einer künstlichen Welt.[174]
Dabei sind jedoch aufwendige Videoprojektionen und der Einsatz von diversen Lichteffekten nicht von jedem Clubgänger gewollt. Es reicht vielen Besuchern schon aus, wenn sich ein paar dezente Neonröhren an der Decke des Clubs befinden, die sich im Beat ein- und ausschalten. Teure und hochmoderne Effekte lenken für diese Personen die Aufmerksamkeit von der Musik ab und erreichen somit schon fast den Effekt eines Störfaktors.[175]

---

168 In diesem Handbuch werden alle Grundgestaltungselemente (wie z.B. die Farbvorgaben oder die Schriftarten /-größen) einer Marke definiert.
169 Vgl. Reuter, Tim: Interview Anhang 2, S. XV.
170 Graf, Christof: Event-Marketing. Konzeption und Organisation in der Pop Musik, a. a. O., S. 71.
171 Herbrand, Nicolai O.: Schauplätze dreidimensionaler Markeninszenierung. Innovative Strategien und Erfolgsmodelle erlebnisorientierter Begegnungskommunikation, a. a. O., S. 63.
172 Vgl. Klein, Gabriele: Electronic Vibration. Pop Kultur Theorie, a. a. O., S. 190.
173 Vgl. Herbrand, Nicolai O.: Schauplätze dreidimensionaler Markeninszenierung. Innovative Strategien und Erfolgsmodelle erlebnisorientierter Begegnungskommunikation, a. a. O., S. 268.
174 Vgl. Klein, Gabriele: Electronic Vibration. Pop Kultur Theorie, a. a. O., S. 147.
175 Vgl. Greumler, Stefan: Interview Anhang 1, S. X.

5.3 Die Marke als Erlebnis

„Musik ist gekoppelt an das vegetative Nervensystem von uns Menschen. Sie gestaltet Zeit, sie orientiert sich an unserem elementaren Beat, dem Herzschlag."[176]
Besucher einer elektronischen Tanzveranstaltung, deren Herz für die Musik schlägt, haben gewisse Anforderungen an das Event. Neben den elementaren Bestandteilen, wie der Musik und der Gestaltung der Location, beziehen die Besucher in das Resümee ebenso die Stimmung, die während des Events wahrzunehmen war, ein.
Marken wie das Frankfurter Label Cocoon veröffentlichen in gewissen Abständen CDs mit eigens produzierten Liedern neuer und altbekannter DJs. Die Musik wird auf den eigenen Veranstaltungen und Open-Airs gespielt und besitzt somit einen gewissen Wiedererkennungswert, da die Besucher die Songs vorab hören konnten und ihnen diese somit bekannt sind. Die Lieder der Kompilation und somit die der Marke Cocoon werden vor Ort mit der Veranstaltung in Verbindung gebracht und das Markenbild im Kopf der Besucher abgerundet.[177]
Während der Musiker auf der Bühne steht und das Publikum zur Musik feiert, setzen sich oft kunstvoll gekleidete Tänzer/innen am Rande der Bühne in Pose um die Stimmung zu untermalen. Lichteffekte oder der erwähnte Einsatz von Stroboskopen, Lasern und Nebel sind ähnliche Mittel, welche die Stimmung der Besucher erhöhen sollen. Bei einer Party einer Marke ist zudem das Barpersonal geschult und einheitlich im Stile der Marke gekleidet. Das Gesamtbild strahlt Qualität aus.[178]
Der DJ kann durch sein Verhalten eine emotionale Verbindung zum Publikum aufbauen. Dadurch soll erreicht werden, dass die emotionale Hürde von der Bühne zum Publikum verschwindet. Dies kann durch die Einbindung der Besucher durch das einfache angezeigte ‚Hände in die Luft strecken', aber auch durch das vorherig genannte ‚sitdown' geschehen. Das dadurch entstehende Gruppengefühl bleibt den Besuchern im Gedächtnis lange erhalten und wirkt sich positiv auf das Markenbild aus.[179]
So versprechen die Tanzveranstaltungen vor allem Genuss durch den Tanz und die Musik.[180]

> „Genuß [sic] ist ein körperliches und sinnhaftes Phänomen, ein Vergnügen an angenehmen psychophysischen Zuständen und auch eine Erfahrung, über die sich individuelle Stile und soziale Zusammengehörigkeiten bilden. Er ist eine fundamentale ästhetische Kompetenz, die sich leiblich verankert, eine Kompetenz, die gerade Jugendliche haben und leben (wollen), vor allem dann, wenn sie sich in sozialen Szenen bewegen, die wie die Rave-, Surf- oder Snowboard-Szene, Genußfähigkeit [sic] zu einer zentralen Eigenschaft erklärt haben."[181]

5.4 Merchandising

Das Merchandising vor, während oder nach einer Veranstaltung ist heutzutage ein fest verankertes Marketinginstrument. Beim Merchandising erlaubt der Lizenzgeber dem Lizenznehmer, Merchandiseprodukte (z.B. T-Shirts, Caps, Poster etc.) mit dem Logo oder Namen einer Veranstaltung oder eines Unternehmens zu versehen, um diesen einen Mehrwert zu schaffen. Als Gegenleistung erhält der Lizenzgeber eine prozentuale

---

176 Gorny, Dieter: Keynote, in: Initiative Kultur- und Kreativwirtschaft. Branchenhearing Musikwirtschaft am 5. Mai 2009 im Radialsystem in Berlin, a. a. O., S. 9.
177 Vgl. Greumler, Stefan: Interview Anhang 1, S. VIII.
178 Vgl. Reuter, Tim: Interview Anhang 2, S. XIV.
179 Vgl. Greumler, Stefan: Interview Anhang 1, S. X.
180 Vgl. Klein, Gabriele: Electronic Vibration. Pop Kultur Theorie, a. a. O., S. 243.
181 Klein, Gabriele: Electronic Vibration. Pop Kultur Theorie, a. a. O., S. 243.

Beteiligung am Umsatz der verkauften Ware. Eine weitere Möglichkeit ist jedoch, diese Produkte selber zu produzieren und zu verkaufen, was auch den Verkauf der Musikträger vor Ort einer Veranstaltung bedeuten kann. In dem Fall bedeutet dies eine direkte Mehreinnahme zur finanziellen Unterstützung der Veranstaltung.

Unterschieden werden zwei Arten des heutigen Merchandisings. Das Tournee-Merchandising, was in dieser Branche eher untypisch ist und das Online-Merchandising. Wie der Name schon sagt, werden im ersten Fall die Produkte auf den weiterziehenden Veranstaltungen angeboten. Beim Online-Merchandising können die Besucher nach dem Event bequem von zuhause aus dem Online Katalog die gewünschten Artikel auswählen und sich zusenden lassen.

Egal welche Art des Merchandising angewandt wird, zielen beide darauf ab, die Bekanntheit zu erhöhen und nebenbei durch dieses Instrument der Werbung sogar noch Geld zu verdienen.[182]

5.5 Eventmarketing

5.5.1 Grundlagen

„Der Ursprung von Eventmarketing liegt in berufsbezogenen, informativen Veranstaltungen, wie Seminare oder Kongresse, sowie der Einführung von Incentives als Leistungsanreiz für den Außendienst oder externe Absatzmittler. Das Mitte der achtziger Jahre etablierte Konzept des Erlebnismarketings bildet die Grundlage für die Herausbildung des Eventmarketing als Instrument der Unternehmenskommunikation. Branchen mit Wettbewerbsbeschränkungen, wie die Zigaretten- und Pharmaindustrie, setzten erstmalig inszenierte Veranstaltungen als kommunikationspolitische Instrumente ein."[183]

Unter dem heutigen Eventmarketing versteht man die Planung, Durchführung sowie die Kontrolle der Events. Dabei geht es darum, wie schon anfangs erwähnt, den Besuchern auf den Veranstaltungen markenbezogene Erlebnisse zu vermitteln und Emotionen auszulösen.[184]

Events stellen für die verschiedensten Branchen ein wichtiges Instrument zur Vermittlung von Unternehmens- bzw. Markenbotschaften dar. So wird das Eventmarketing als ein Instrument der Kommunikationspolitik bezeichnet.[185]

---

182 Vgl. Lyng, Robert; Heinz, Oliver; v. Rothkirch, Michael: Die neue Praxis im Musikbusiness, 11., a. a. O., S. 182f.

183 Büttner, André; van der Ree, Ivo: Event- und Szenemarketing. Hintergründe, Strategien und Perspektiven, a. a. O., S. 81.

184 Vgl. Bremshey, Peter; Domning, Ralf: Eventmarketing. Die Marke als Inszenierung, a. a. O., S. 47f.

185 Vgl. Büttner, André; van der Ree, Ivo: Event- und Szenemarketing. Hintergründe, Strategien und Perspektiven, a. a. O., S. 81f.

5.5.2 Typische Merkmale von Eventmarketing

1. *„Events sind vom Unternehmen initiierte Veranstaltungen ohne Verkaufscharakter."*[186]
   Der Verkauf von Produkten oder Dienstleistungen steht nicht im Vordergrund, sondern die Vermittlung von Botschaften über die Marke. Auch wenn auf den Tanzveranstaltungen nebenbei Produkte oder markenbezogene Artikel verkauft werden, steht dies nicht im Vordergrund des Events.[187]

2. *„Events unterscheiden sich bewusst von der Alltagswelt der Zielgruppe."*[188]
   Eigenschaften und Gründe für den Unterschied zum Alltagsleben wurden bereits erläutert. Entscheidend ist, dass die Teilnahme freiwillig stattfindet und daher von einem höheren Involvement ausgegangen werden kann.

3. *„Events setzen Werbebotschaften in tatsächlich erlebbare Ereignisse um, d. h. inszenierte Markenwelten werden erlebbar."*[189]
   Die durch die Unternehmenskommunikation vermittelte Markenwelt wird vom Eventmarketing in erlebbare Ereignisse umgesetzt.[190]
   Es werden vermehrt Werbebotschaften für die Veranstaltungen in Form von Teasern[191] oder Flyern vorab veröffentlicht. Sie bilden einen Vorgeschmack auf die eigentliche Veranstaltung.

4. *„Events werden zielgruppenfokussiert ausgerichtet und stehen für eine hohe Kontaktintensität."*[192]
   Durch die fortschreitende Individualisierung der Gesellschaft ist es wichtig, die genaue Zielgruppe zu definieren und anzusprechen. Falls dies nicht erreicht wird, leidet die Qualität des Events darunter und die angestrebte Kontaktintensität kommt nicht zustande.[193]

5. *„Events sind Bestandteil des Konzepts integrierter Unternehmenskommunikation. Sie sind organisatorisch selbstständig, jedoch inhaltlich gebunden."*[194]
   Die Anzahl vergleichbarer Events nimmt dauerhaft zu. Umso wichtiger ist es, sich von der Konkurrenz abzuheben. Individualität und Unverwechselbarkeit gegenüber anderen Events ist entscheidend. Inhaltlich binden sich die Veranstaltungen an die vorab kommunizierte Markenwelt.[195]

---

[186] Büttner, André; van der Ree, Ivo: Event- und Szenemarketing. Hintergründe, Strategien und Perspektiven, a. a. O., S. 83.

[187] Eigene Darstellung.

[188] Büttner, André; van der Ree, Ivo: Event- und Szenemarketing. Hintergründe, Strategien und Perspektiven, a. a. O., S. 84.

[189] Büttner, André; van der Ree, Ivo: Event- und Szenemarketing. Hintergründe, Strategien und Perspektiven, a. a. O., S. 84.

[190] Vgl. Büttner, André; van der Ree, Ivo: Event- und Szenemarketing. Hintergründe, Strategien und Perspektiven, a. a. O., S. 84.

[191] Teaser sind kurze Videofilme, die im Internet vor dem Event den Besuchern einen Überblick über die Veranstaltung schaffen sollen.

[192] Büttner, André; van der Ree, Ivo: Event- und Szenemarketing. Hintergründe, Strategien und Perspektiven, a. a. O., S. 84.

[193] Vgl. Büttner, André; van der Ree, Ivo: Event- und Szenemarketing. Hintergründe, Strategien und Perspektiven, a. a. O., S. 84.

[194] Büttner, André; van der Ree, Ivo: Event- und Szenemarketing. Hintergründe, Strategien und Perspektiven, a. a. O., S. 85.

[195] Vgl. Büttner, André; van der Ree, Ivo: Event- und Szenemarketing. Hintergründe, Strategien und Perspektiven, a. a. O., S. 85.

5.5.3 Ziele

Man unterscheidet hier zwischen zwei Zielbereichen: Den Kontaktzielen und den Kommunikationszielen. Während die Kontaktziele darauf setzen, eine Verbindung zwischen den Vertretern der Marke und der Besucher zu schaffen, haben die Kommunikationsziele die Beeinflussung der Besucher, wie zum Beispiel Gedächtniswirkungen oder Verhaltensänderungen, zum Ziel. Persönliche Kontakte, um die Kommunikation zu fördern, können durch Promotionaktionen, wie das Verteilen von kostenlosen Artikeln, hergestellt und gepflegt werden.[196] Somit dienen die Kommunikationsziele hauptsächlich der Erhöhung der Bekanntheit und des Images sowie der Verbreitung von Wissen über das Kommunikationsobjekt.

Über diesen zwei Zielbereichen stehen jedoch immer die Präsentation des Kommunikationsobjektes in erlebnisorientierter Art und Weise und dessen damit verbundene emotionale Positionierung. Der Imagetransfer, der durch die aktive Ansprache der Rezipienten und die damit verbundene positive Beeinflussung des Images entsteht, versteht sich als eine Reaktion in der Psyche des Menschen.[197]

5.6 Phasen des Entscheidungsprozesses der Kulturmarketing-Konzeption

5.6.1 Aufgaben

Bevor ein Event die Phase der Durchführung erreicht, müssen diverse Punkte geklärt werden. Die Aufgabe der nachfolgend aufgeführten Phasen der Konzeption ist die Entscheidungsfindung über die Marketingaktivitäten. Wann soll mit welchem Künstler, zu welcher Zeit, mit welchen Mitteln und Maßnahmen das Event stattfinden? Die verschiedenen Aufgaben sind entweder dem strategischen oder operativen Marketing zuzuordnen.[198]

5.6.2 Komponenten

Die Komponenten des Entscheidungsprozesses unterteilen sich in die fünf folgenden Phasen:

1. *Analyse Phase*

Der gesamte Prozess der Entscheidungsfindung der einzelnen Teilbereiche beginnt mit der Ermittlung des Status Quo. In dieser Phase geht es darum, alle relevanten und möglichen Probleme zu erkennen. Es werden die Ausgangssituation, die Konkurrenz, die Umwelt, der Markt und die eigenen Möglichkeiten analysiert.

Dabei werden bei der Analyse der Ausgangssituation die Künstler, die ihre Musik zum Event beitragen sollen, kontaktiert und später ausgewählt. Mit der Konkurrenzanalyse wird ermittelt, ob und wenn wann weitere ähnliche Veranstaltungen in Deutschland, oder in der selben Region stattfinden. Falls vergleichbare Events von einem anderen Veranstalter geplant sein sollten, wird ebenfalls geprüft, ob die gebuchten Musiker auch dort vertreten sein werden. Des Weiteren wird die Umwelt, sprich die allgemeine Wirtschaftslage und somit die Kaufkraft der potentiellen Besucher ermittelt. Wichtig ist auch hier, die rechtlichen, technischen, gesellschaftlichen und wirtschaftlichen Auflagen zu überprüfen. Mit der Analyse wird zudem der Musikmarkt unter die Lupe genommen. Es wird recherchiert, welche Künstler und welche Musiktrends gerade angesagt sind.

---

[196] Vgl. Bremshey, Peter; Domning, Ralf: Eventmarketing. Die Marke als Inszenierung, a. a. O., S. 48.

[197] Vgl. Meffert, Heribert; Burmann, Christoph; Kirchgeorg, Manfred: Marketing. Grundlagen marktorientierter Unternehmensführung. Konzepte – Instrumente – Praxisbeispiele, a. a. O., S. 680f.

[198] Vgl. Graf, Christof: Kulturmarketing. Open Air und Populäre Musik, a. a. O., S. 289.

Schließlich geht es bei der Analyse der eigenen Möglichkeiten darum, Kontakt mit möglichen örtlichen Veranstaltern aufzunehmen, falls die Veranstaltung nicht auf eigenem Boden stattfinden soll. Als letzten Schritt dieser Phase muss geprüft werden, ob die eigene Unternehmensstruktur für die Veranstaltung geeignet ist. Es müssen genug fachkundige Angestellte vorhanden sein, die einen flüssigen Verlauf der Veranstaltung garantieren können.[199]

2. *Prognose-Phase*

Nachdem der Standpunkt in der ersten Phase ermittelt worden ist, werden nun die Zukunftschancen aufgedeckt. Es wird analysiert, wohin die Entwicklung geht. Dies geschieht durch die Abschätzung zukünftiger Trends im Nachfrageverhalten, in den Absatz- & Marktentwicklungen und in der Umwelt sowie durch die Abschätzung des Verhaltens der Konkurrenz. Dabei werden die Stärken und Schwächen des eigenen Labels im Vergleich zu den schärfsten Konkurrenten gesetzt. Hieraus können dann Chancen und Risiken in Bezug auf die gesteckten Ziele ermittelt werden, die als Grundlage für spätere Entscheidungen gelten.[200]

3. *Phase des strategischen Marketing*

Nachdem die Prognose für die Zukunft erstellt worden ist, können die Unternehmens- und Marketingziele formuliert werden. Die Ziele spiegeln das wider, was vom Unternehmen, auch im Bezug auf die Events, erreicht werden will. Nachdem das Konzept der Unternehmung erarbeitet wurde, werden das zu erreichende Marktsegment und das unternehmerische Auftreten festgelegt.[201]

4. *Phase des Operativen Marketing*

Nachdem das komplette Konzept erarbeitet wurde, folgt daraufhin die Festlegung der konkreten Maßnahmen, welche der Durchsetzung der kurzfristigen Marketing-Entscheidungen dienen. Der so genannte Marketing-Mix wird erstellt. Die detailgenauen Maßnahmen werden zwar kurzfristig eingesetzt, verfolgen jedoch die Erreichung der langfristigen Ziele.[202]

5. *Phase der Realisation und Kontrolle*

In der letzten Phase geht es darum, die festgesetzten Strategien einzubinden und umzusetzen. Zeitgleich werden die operativen Maßnahmen des Marketing-Mix daraufhin überprüft, ob sie an den Unternehmenszielen und den Strategien festhalten. Es wird kritisch betrachtet, ob die festgelegten Ziele erreicht wurden und falls Soll-Ist Abweichungen vorhanden sind, woraus diese folgen. In diesem Fall muss danach entschieden werden, ob die Maßnahmen oder die Ziele angepasst werden müssen.[203]

Um immer auf dem aktuellen Stand eines ständig anzupassenden Kulturmarketing-Konzepts zu sein, bedarf es der Auseinandersetzung mit dem Produkt des eigentlichen Events. Hierfür muss der gesamte Musikmarkt dauerhaft beobachtet, andere Veranstaltungen von Konkurrenten besucht, Gespräche mit anderen Personen der Branche gesucht und dauerhaft die Meinung und Informationen mit Beteiligten ausgetauscht werden. Auch in dieser Branche schadet der Erkenntniserwerb durch Weiter- & Fortbildungen für die Führungsebene eines Labels nicht.[204]

---

199 Vgl. Graf, Christof: Kulturmarketing. Open Air und Populäre Musik, a. a. O., S. 291f.
200 Vgl. Graf, Christof: Kulturmarketing. Open Air und Populäre Musik, a. a. O., S. 292.
201 Vgl. Graf, Christof: Kulturmarketing. Open Air und Populäre Musik, a. a. O., S. 292.
202 Vgl. Graf, Christof: Kulturmarketing. Open Air und Populäre Musik, a. a. O., S. 292f.
203 Vgl. Graf, Christof: Kulturmarketing. Open Air und Populäre Musik, a. a. O., S. 293.
204 Vgl. Graf, Christof: Kulturmarketing. Open Air und Populäre Musik, a. a. O., S. 293.

5.6.3 Wettbewerb

Natürlich ist man als Label und Veranstalter mit seinen Konzepten und Ideen nicht allein auf dem Markt. Eine Monopolstellung im Musikgeschäft ist höchst unwahrscheinlich. Es befinden sich hingegen mit hoher Wahrscheinlichkeit weitere Anbieter in Form von Konkurrenten und Wettbewerbern in der gleichen Branche, die gleiche oder ähnliche Leistungen anbieten, regional als auch überregional.[205]
Ein klarer Wettbewerbsvorteil, der geschaffen werden muss, um sich vom Wettbewerb abzuheben, besteht dann, wenn vier Kriterien vom Angebot an den Rezipienten erfüllt werden. So muss eine gewisse *Wichtigkeit* gegenüber der Wettbewerbsleistung vorliegen. Das angesprochene USP verhilft hier zu einem entscheidenden Produkt- bzw. Dienstleistungsmerkmal zur Abhebung von der Konkurrenz. Die *Wahrnehmbarkeit* dieses Leistungsvorsprungs muss gegeben sein. Außerdem muss das gesamte Angebot, sowie der Leistungsvorsprung der *Dauerhaftigkeit* unterliegen, da sonst die Gefahr besteht, dass die Konsumenten den Anbieter wechseln. Letzten Endes muss das Gesamtpaket und somit das Event *Effizienz* vorweisen können. Die gesteckten Marketingziele müssen im Einklang mit dem Leistungsvorsprung stehen und somit einen Anbietervorteil darstellen.[206]

5.7 Sponsoring

Durch die allgemein steigenden Kosten ist es einem Veranstalter heute kaum möglich, auf Gelder von Außen zu verzichten. Eine passende Finanzspritze kann das Sponsoring darstellen.[207]

Unter dem Sponsoring wird ein gegenseitiger Leistungsaustausch verstanden. Der Sponsor unterstützt eine Veranstaltung in Form von Finanz-, aber evtl. auch Sach- und/oder Dienstleistungen. Im Gegenzug erlaubt der Veranstalter diese Unterstützung kommunikativ zu nutzen. Ziel des Sponsoren ist es, direkten Kontakt zum Publikum herzustellen und somit seine Bekanntheit zu erhöhen. Je nach Grad der finanziellen Unterstützung wird der Firmenname in den Veranstaltungsnamen mit aufgenommen (z.B. TDK[208] Time Warp), das Logo des Sponsors auf den Tickets, Flyern etc. aufgedruckt oder Werbebanner der Firma am Veranstaltungsort aufgehängt.[209]
Genau hier kann allerdings ein Problem entstehen. Übersteigt die Präsenz der Sponsoren die Präsenz der Veranstaltungsmarke, wird dies als störend empfunden. So ist teilweise eine starke Zunahme des erkennbaren Sponsorings auf großen Veranstaltungen ersichtlich. Es wird bspw. oft nicht nur noch das Bier von einer Marke gestellt und nebenbei ein paar Banner der Marke aufgehängt, sondern zahlreiche Sponsoren der verschiedensten Branchen quetschen sich auf das Veranstaltungsgelände. Verschiedene Marken versuchen den Kontakt zum Zielpublikum herzustellen, indem sie Verkaufs- oder Interaktionsstände aufbauen. Oft haben die präsentierten Marken nichts mit dem Event zu tun. Daher geht der Spaß an der Teilnahme solcher Veranstaltungen verloren, wenn ersichtlich ist, dass es ums Geld verdienen geht und nicht um die Musik an sich.[210]

---

205 Vgl. Meffert, Heribert; Burmann, Christoph; Kirchgeorg, Manfred: Marketing. Grundlagen marktorientierter Unternehmensführung. Konzepte – Instrumente – Praxisbeispiele, a. a. O., S. 47.

206 Vgl. Meffert, Heribert; Burmann, Christoph; Kirchgeorg, Manfred: Marketing. Grundlagen marktorientierter Unternehmensführung. Konzepte – Instrumente – Praxisbeispiele, a. a. O., S. 285.

207 Eigene Darstellung.

208 Die Firma ist Hersteller analoger und digitaler Speichermedien. In den 80ern & 90ern war das Unternehmen vor allem durch das Angebot von Compact Cassetten bekannt.

209 Vgl. Fries, Joachim: Techno und Konsum – Chancen der bedeutendsten Jugendbewegung der neunziger Jahre für das Marketing, a. a. O., S. 28f.

210 Vgl. Greumler, Stefan: Interview Anhang 1, S. VIII.

Verständlich ist, dass ein gewisses Maß an Sponsoring essentiell für den Veranstalter ist, da sonst solch große Events, wie z.B. die Time Warp oder der love family park der Marke Cocoon, nicht veranstaltet werden könnten.[211]

5.8 Beziehungsmarketing & Kundenbindung

So kann es im schlechtesten Fall zu abnehmbarer Markentreue und wechselndem Verbraucherverhalten, vor allem bei jungen Konsumenten kommen. Zu viele Marken versuchen sich am Markt zu positionieren. Dadurch verändern sich die Marktanteile stetig. Aus diesem Grund ist es wichtig, bestehende Kundenbeziehungen zu intensivieren und dauerhaft neue Beziehungen aufzubauen. Bestehende Verbindungen erreichen eine höhere Aktivierung der Besucher auf den Events, da bei der voran gegangenen Planung Informationen über szenespezifische Verhaltensweisen und Einstellungen eingebunden werden können.[212]

> „Kundenbindung umfasst sämtliche Maßnahmen eines Unternehmens, die darauf abzielen, sowohl die bisherigen Verhaltensweisen als auch die zukünftigen Verhaltensabsichten gegenüber einem Anbieter oder dessen Leistungen positiv zu gestalten, um eine Bindung zu den Kunden für die Zukunft zu stabilisieren bzw. auszubauen."[213]

Hingegen stellt das Beziehungsmarketing ein strategisches Marketingkonzept dar, welches zum Ziel hat, langfristige Kundenbeziehungen zu nutzen, um ökonomische Erfolge zu erzielen. Die Kosten der Pflege der langfristigen Bindungen muss ökonomisch rentabler sein als die Neukundengewinnung. Ansonsten lohnt das Beziehungsmarketing langfristig nicht. Beziehungsmarketing beginnt immer mit der Neukundengewinnung.[214]

Langfristige Kundenbindung stellt somit ein Ziel des Beziehungsmarketings dar.
Die so genannte ‚Wirkungskette der Kundenbindung' beschreibt das Zustandekommen der Beziehung und deren Auswirkungen. So wird in der ersten Phase der Kontakt zwischen Veranstalter und Interessent hergestellt. In der zweiten Phase bewertet der Kunde vor Ort auf der Veranstaltung die Situation und bildet ein erstes Zufriedenheitsurteil. Bei positiver Beurteilung entsteht in Phase drei eine Kundenloyalität, welche sich in einem Vertrauensverhältnis, sowie einer allgemein positiven Einstellung zur Marke ausdrückt. Die Bereitschaft zum Wechsel eines anderen Anbieters sinkt. In der vierten Phase entsteht eine Kundenbindung dadurch, dass das Folgeevent der Marke besucht wurde und die Marke nun an Freunde und Bekannte weiterempfohlen wird. In der letzten Phase fünf steigert sich der ökonomische Erfolg des Anbieters, sprich der Erfolg der Marke.
Die Gründe für eine Kundenbindung können in situative Ursachen (z.B. günstiger Veranstaltungsort), ökonomische Ursachen (z.B. Kosten für Alternativveranstaltung zu hoch) oder psychologische Bindungsursachen (z.B. emotionale Bindung) unterschieden werden. Das Beziehungsmarketing hat zur Aufgabe, Einfluss auf die Ursachen zu nehmen, sodass eine freiwillige Bindung der Konsumenten entsteht.[215]

Da jedoch die Zielgruppe und somit auch die angesprochene Szene dauerhaften Veränderungen unterliegt, müssen verschiedene Methoden zur Datenanalyse angewandt

---

211 Vgl. Reuter, Tim: Interview Anhang 2, S. XIV.

212 Vgl. Büttner, André; van der Ree, Ivo: Event- und Szenemarketing. Hintergründe, Strategien und Perspektiven, a. a. O., S. 63.

213 Büttner, André; van der Ree, Ivo: Event- und Szenemarketing. Hintergründe, Strategien und Perspektiven, a. a. O., S. 63.

214 Vgl. Büttner, André; van der Ree, Ivo: Event- und Szenemarketing. Hintergründe, Strategien und Perspektiven, a. a. O., S. 64.

215 Vgl. Büttner, André; van der Ree, Ivo: Event- und Szenemarketing. Hintergründe, Strategien und Perspektiven, a. a. O., S. 65f.

werden. Anderenfalls besteht die Gefahr, dass der Kundenkontakt unterbrochen werden könnte und somit bestehende Beziehungen zerbrechen oder keine neuen zu Stande kommen.
Die Media-Analyse stellt die erste Möglichkeit dar, Auskünfte über die Trends oder Entwicklungen einer Szene einzuholen. Szenerelevante Medien wie Fanzines[216], Trendmagzine oder gelegentliche TV-Sendungen informieren regelmäßig über aktuelle Entwicklungen der Szene. Als zweite Möglichkeit besteht der gezielte Einsatz von Szene-Scouts. Dies sind Personen, die gute Kenner einer oder mehrerer Szenen sind. Sie nehmen aktiv am Szeneleben teil und geben gewonnene Informationen weiter.
In der höchsten Form des Beziehungsmarketings werden diese Personen ins Unternehmen der Marke integriert, um möglichst szenennahe Informationen schnell zu erhalten.[217]

Die Arbeit der Mitarbeiter der Marke wird durch das hohe Interesse der Konsumenten durch die Gründung von kommerziellen oder nicht-kommerziellen Fan-Communities unterstützt. Ziel dieser Gemeinschaften ist es, Interessenten der Marke, die somit einen ähnlichen Lebensstil vorweisen, zusammenzuführen. Innerhalb der Communities wird sich über die Marke ausgetauscht und finden Treffen statt. Dies erhöht die emotionale Bindung, ohne dass das Unternehmen der Marke selber eingreifen muss.[218]
Vor der Gründung oder dem Beitritt der Communities muss jedoch der Fan-Status einzelner Personen erreicht werden. Die Konsumenten-Fan-Pyramide beschreibt den Aufbau der Beziehung durch den Musikkonsum.
Die unterste Stufe Awareness (dt. Bewusstsein) bildet die Grundlage. Nur bei Bekanntheit der Marke kann eine Einstellungsbildung erfolgen. Hier greifen die beschriebenen Maßnahmen zur Vermarktung des Namens. Falls dem Rezipienten die wahrgenommenen Markeneigenschaften gefallen, begibt er sich automatisch in die zweite Stufe der Preference (dt. Präferenz). Hier beginnt die eigentliche Einstellungsbildung durch den Besuch der Veranstaltungen oder durch nähere Informationssammlung von Daten über die Marke. Erste Emotionen werden geweckt, die in der nachfolgenden Stufe der Identification (dt. Identifikation) verstärkt wahrgenommen werden. Der Interessent identifiziert sich mit der Marke und deren Produkten und nutzt das Medienangebot als Projektionsfläche, um sein Selbstbild zu reflektieren. In der höchsten Stufe erreicht der Konsument den Fan-Status. In diesem Zustand besteht die stärkste Ausprägung der emotionalen und sozialen Nutzenstiftung durch die Marke. Tonträger werden, wie von Tim Reuter bereits erwähnt, nahezu habitualisiert gekauft und alle Veranstaltungen regelmäßig besucht.
Bereits ab der Stufe der Identification wird im Allgemeinen von einem Fan gesprochen. Das Konsum- und Kaufverhalten dieser Personen ist deutlich höher als bei den unteren Stufen. Diese Personen animieren gering involvierte Konsumenten dazu, in den Fan Bereich zu gelangen und so die Marke in Ihrer Bekannt- und Beliebtheit weiter zu fördern.[219]

---

216 Magazine von Fans, für Fans.

217 Vgl. Büttner, André; van der Ree, Ivo: Event- und Szenemarketing. Hintergründe, Strategien und Perspektiven, a. a. O., S. 69.

218 Vgl. von Loewenfeld, Fabian: Brand Communities – Erfolgsfaktoren und ökonomische Relevanz von Markengemeinschaften, Wiesbaden: Deutscher Universitäts-Verlag 2006, S. 33.

219 Vgl. Engh, Marcel: Popstars als Marke. Identitätsorientiertes Markenmanagement für die musikindustrielle Künstlerentwicklung und- vermarktung, a. a. O., S. 194f.

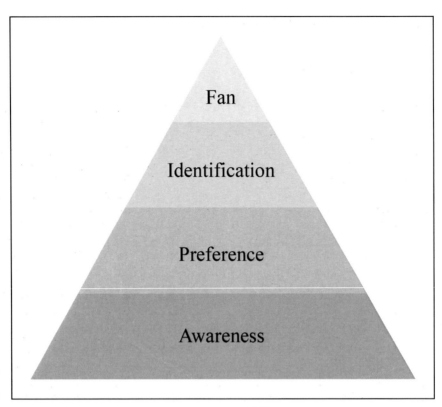

Abb. 16: Die Konsumenten-Fan Pyramide[220]

---

[220] In Anlehnung an: Engh, Marcel: Popstars als Marke. Identitätsorientiertes Markenmanagement für die musikindustrielle Künstlerentwicklung und- vermarktung, a. a. O., S. 195.

6 Entwicklungsmöglichkeiten

6.1 Marketingstrategien

Nachdem auf das Verhältnis zwischen Events und Marken ausgiebig eingegangen wurde, stellt sich die Frage, wie sich das Unternehmen der Marke weiterentwickeln muss, um attraktiv am Markt bestehen zu bleiben.
Wie nun des Öfteren erwähnt, verfolgt jedes Unternehmen bestimmte Ziele. Um diese zu erreichen, sind Strategien erforderlich. In der Regel handelt es sich bei Strategien um einen mittelfristigen Bezugsrahmen (ca. 10 Jahre). Da Festivals und die meisten Tanzveranstaltungen jedoch saisonal betrieben werden, scheint eine mittelfristige Betrachtung eher in Bezug auf eine Saison sinnvoll. Innerhalb dieser gilt es, die eigene Situation in Bezug auf Gewinn, Umsatz, Grad der Marktabdeckung, Markterschließung und Image zu verbessern. Je nach Zielorientierung kann eine Gewinnsteigerung an letzter Stelle der Ziele stehen. Dies ist vom Label oder Veranstalter selbst abhängig. Jedoch muss beachtet werden, dass finanzielle Mittel von Nöten sind, um Folgeveranstaltungen durchführen zu können.
Bei der Wahl der entsprechenden Marketingstrategie spielen neben dem Unternehmen auch die Umweltbedingungen eine Rolle. Ganz grob kann in Wachstums-, Marktwahl- & Wettbewerbsstrategien unterschieden werden.
Zur den *Wachstumsstrategien* gehört bspw. die Marktdurchdringungsstrategie. Sie verhilft dem Angebot durch eine Intensivierung der Marketing-Bemühungen zu mehr Erfolg. So können bei fallenden Eintrittspreisen und verstärkter Konkurrenz bisherige Nicht-Nachfrager gelockt und aktiviert werden. Durch die Marktentwicklungsstrategie können neue regionale Märkte erschlossen werden. So kann eine Veranstaltung in einer neuen Region stattfinden. Zudem kann die Diversifikationsstrategie zur Erreichung des Wachstums genutzt werden. In diesem Fall erweitert das Unternehmen auf den Veranstaltungen den Tätigkeitsbereich und verkauft bspw. nebenbei selber Speisen.
Bei den *Marktwahlstrategien* teilt das Unternehmen den Markt in homogene Marktsegmente ein. So wird bei der Produktspezialisierung nur ein spezifisches Produkt angeboten. Das kann für eine innerhalb einer Saison mehrfach durchgeführte Tanzveranstaltung bedeuten, dass immer der gleiche, und nur dieser DJ, auflegt. Des Weiteren gibt es hier die Möglichkeit der Produkt-/Marktspezialisierung. Hier wird der eine DJ nur einer bestimmten Zielgruppe offeriert. Dies stellt den realistischen Fall dar.
Unter Berücksichtigung der anderen Teilnehmer gibt es noch die *Wettbewerbsstrategien*. Das Ziel ist hier, die anderen am Markt befindlichen Unternehmen zu übertreffen: Zum Beispiel mit der Strategie der Kostenführerschaft. Durch Kostensenkung versucht das Unternehmen einen Leistungsvorsprung gegenüber den Wettbewerbern zu erhalten. Eine andere Möglichkeit ist die Differenzierungsstrategie. Durch die Abgrenzung des Angebotes wird versucht, etwas Einzigartiges zu schaffen. Um sich vom Wettbewerb dauerhaft zu unterscheiden, können unter Verwendung der Nischenstrategie ausgewählte Abnehmergruppen angesprochen oder bestimmte geografisch abgegrenzte Teilmärkte bearbeitet werden.
Neben den drei für diesen Sektor wichtigsten beschriebenen Strategien gibt es weitere, wie bspw. die *Kooperations-, Internationalisierungs-, Technologie- oder Marktbearbeitungsstrategien*. Jedoch ist die Formulierung einer allgemein gültigen Strategie für alle Unternehmen einer Branche nicht möglich. Jedes Unternehmen muss spezifische Strategien erarbeiten. Dabei können verschiedene Strategien durch Kombination zu einer Einzelnen vereint werden.[221]

---

[221] Vgl. Graf, Christof: Kulturmarketing. Open Air und Populäre Musik, a. a. O., S. 293ff.

6.2 Marketingmix

6.2.1 Produktpolitik

Für eine kulturelle Veranstaltung ist das Produkt an sich das Wichtigste. Innovationen sind auch in diesem Produktbereich von den Interessenten gefordert. Es gibt mehrere Möglichkeiten, sich in der Produktpolitik weiter zu entwickeln:[222]

1. Durch die *Suche, Auswahl & Entwicklung neuer Produkte*.
Kann ein Veranstalter einen Newcomer oder einen altbekannten Musiker, der noch nie im stattfindenden Land aufgetreten ist, für sein Event gewinnen, handelt es sich um ein neues Produkt. Dies ist ebenso der Fall, wenn eine für ein vergleichbares Event bislang unbenutzte Location verwendet wird.[223]

2. Durch die *Weiterentwicklung bestehender Produkte*.
Eine Weiterentwicklung kann ein erneuter Zusammenschluss zweier Musiker sein, die sich vor langer Zeit getrennt haben und nun auf dem einen Event einen ‚Reunion- oder Revival-Auftritt' feiern. Ebenso kann bei einer seit Jahren bestehenden Veranstaltung das Hinzufügen einer weiteren Bühne eine Weiterentwicklung darstellen.[224]

3. Durch die *Förderung des Markenbewusstseins*.[225]
Festivals, wie das ‚Melt! Festival', sind in den letzten Jahren immer ausverkauft gewesen. Die Marke wurde vorab in den Medien stark umworben und hat Anklang gefunden. Werbetrailer und Pre-Partys haben den Reiz auf das Festival gestärkt. Im Gegensatz hierzu steht das Fusion Festival. Es erfolgt keinerlei Werbung oder Sponsoring und ist dennoch in den letzten Jahren immer ausverkauft gewesen. Das Markenbewusstsein wird hier durch die Exklusivität erreicht.[226]

4. Durch die *Zusammenstellung sinnvoller Sortimente*.
Auf einer Veranstaltung können unterschiedliche Künstler der verschiedensten Stilrichtungen auftreten und somit ein Gesamtsortiment präsentieren.[227] Das ‚Melt! Festival' verzeichnet aus diesem Grund jährlich Musiker der verschiedensten Musikstile wie „Indiepop, Dubstep, Electropop, Indie Rock, Hip Hop, Ambient, Folk, House, Dub, Alternative, Electro, Drum 'n' Base und Trip Hop"[228]. Durch die gezielte Vielseitigkeit werden verschiedene Geschmäcker angesprochen.

Um eine Veranstaltung möglichst attraktiv zu gestalten, werden immer mehrere Möglichkeiten der Produktpolitik in Anspruch genommen. Denn bei großen Veranstaltungen spielen Mega-Stars, Special Guests aber auch konventionelle & innovative Künstler eine Rolle. Die gesamte Produktpalette ist entscheidend.[229]

6.2.2 Distributionspolitik

Die herkömmliche Distribution von Produkten über Großhändler, Einzelhändler, Reisende oder Handelsvertreter ist der Kulturbranche nahezu fremd. Somit müssen andere Entscheidungen über die Vertriebsarbeit getroffen werden.

---

222 Vgl. Graf, Christof: Kulturmarketing. Open Air und Populäre Musik, a. a. O., S. 297.
223 Vgl. Graf, Christof: Kulturmarketing. Open Air und Populäre Musik, a. a. O., S. 297.
224 Vgl. Graf, Christof: Kulturmarketing. Open Air und Populäre Musik, a. a. O., S. 297.
225 Vgl. Graf, Christof: Kulturmarketing. Open Air und Populäre Musik, a. a. O., S. 297.
226 Eigene Darstellung.
227 Vgl. Graf, Christof: Kulturmarketing. Open Air und Populäre Musik, a. a. O., S. 297.
228 Vgl. Festivalhopper: Melt! Festival 2012, Online im Internet: http://www.festivalhopper.de/festival/tickets/time-warp-2011.php, 09.11.2011.
229 Vgl. Graf, Christof: Kulturmarketing. Open Air und Populäre Musik, a. a. O., S. 297.

Der traditionelle Weg des Kaufs einer Eintrittskarte über Vorverkaufsstellen (wenn möglich) oder an der Tages- bzw. Abendkasse sind noch heute weitaus gegeben. Falls im Vorverkauf Tickets nicht verkauft wurden, werden diese in der Regel an der Tages- bzw. Abendkasse angeboten. Im Frankfurter Raum üblich ist mittlerweile die kostenlose Beförderung durch die Nahverkehrsbetriebe, wenn das Ticket zur An- oder Abfahrt des Events bei sich getragen wird. Diese spezielle Vereinbarung wird zwischen dem Veranstalter und dem Verkehrsverbund getroffen.[230]

Der mittlerweile übliche Weg unter den Nutzern des Internets ist der Erwerb der Tickets über Onlineverkaufsstellen wie www.eventim.de oder www.tixforgigs.de. Hier können die Tickets selbst ausgedruckt oder via Postweg nach Hause gesendet werden.[231]

6.2.3 Preispolitik

Der Eintrittspreis ist im privaten Veranstaltungsbereich sehr wichtig. Während bei öffentlichen Kulturbetrieben Verluste durch Zuschüsse oder Subventionen ausgeglichen werden können, entscheidet der Preis im privaten Bereich über Gewinn oder Verlust und somit über das Fortbestehen einer Veranstaltung.

Der Preis muss sämtliche Kosten decken, eine reelle Chance auf Gewinn mit sich bringen, dem marktüblichen Preis entsprechen und zudem noch preisleistungsgerecht sein. Zwar kann ein direkter Vergleich mit einem anderen Event aufgrund von differenten Künstlergagen & örtlichen Kosten, steigendem Aufwand für den Standort sowie für die Licht- und Bühneneffekte und vielen anderen Faktoren nicht vollzogen werden, jedoch entscheiden die Konsumenten freiwillig darüber, ob sie erscheinen oder nicht. Und darüber entscheidend ist unter anderem der Preis.

Als Außenstehender die Preispolitik einer Veranstaltung nachzuvollziehen, ist nahezu unmöglich. Die Höhe der Künstlergagen und allgemeinen Kosten können nur vermutet werden, da diese nie veröffentlicht werden und nur wenige Personen innerhalb des veranstaltenden Unternehmens diese Zahlen zu Gesicht bekommen. In jedem Fall fließen bei der Kalkulation des Eintrittspreises unter anderem Kosten für ein eventuelles Catering, Lizenzgebühren, Personalkosten, Werbekosten, Gagen, Kosten für sanitäre Einrichtungen und Kosten für sämtliche Sicherheitsvorkehrungen mit ein. Dies sind jedoch nur ein kleiner Teil aller Kosten, die es zu berücksichtigen gilt. Nachdem der Veranstalter alle Kosten summiert hat, muss er errechnen, wie viele Besucher zu einem bestimmten Preis erscheinen müssen, um auf keinen Kosten sitzen zu bleiben.[232]

> „Um den Erfolg eines Open Airs abzuschätzen, muß [sic] der Veranstalter neben den anderen absatzpolitischen Instrumenten stets die Musik im Ort behalten, die Zahlen im Kopf wissen und den Verstand zusammen mit der Erfahrung benutzen. Nur dann kommen Künstler, Veranstalter und Konsument auf ihre Kosten."[233]

6.2.4 Kommunikationspolitik

Im letzten Bestandteil des Marketingmixes geht es in der Kommunikationspolitik nicht nur um die herkömmliche Werbung für ein Event. Um eine Marke und deren Events dauerhaft am Markt zu etablieren, ist in diesem Bereich Fantasie und Kreativität gefragt, gerade im kulturellen Sektor. Hauptsächlich geht es um die Übermittlung von Informationen und Bedeutungsinhalten, die Meinungen, Erwartungen, Einstellungen und Verhaltensweisen steuern sollen. Die wichtigsten Instrumente zur Beeinflussung der Konsumenten sind demnach:[234]

---

230 Vgl. Graf, Christof: Kulturmarketing. Open Air und Populäre Musik, a. a. O., S. 298ff.
231 Vgl. Greumler, Stefan: Interview Anhang 1, S. XII.
232 Vgl. Graf, Christof: Kulturmarketing. Open Air und Populäre Musik, a. a. O., S. 301ff.
233 Graf, Christof: Kulturmarketing. Open Air und Populäre Musik, a. a. O., S. 313.
234 Vgl. Graf, Christof: Kulturmarketing. Open Air und Populäre Musik, a. a. O., S. 314.

1. *(klassische) Werbung*
Wenn eine Veröffentlichung einer neuen Platte zeitgleich mit einem Liveauftritt erfolgt, profitieren mehrere Unternehmen unmittelbar davon: die Plattenfirma, der Veranstalter und der eventuell vorhandene Tourenveranstalter. So kann eine solche Veranstaltung mit Printwerbung in Form von Außenwerbung, Plakatwerbung oder Transparenten, genau so gut aber auch in Zeitschriften, Zeitungen oder Magazinen publiziert werden. Werbespots im Internet oder kurze Fernsehbeiträge haben den Vorteil, dass sie audiovisuell leichter im Gedächtnis der Betrachter bleiben. Ebenso können jedoch auch auf Veranstaltungen der Konkurrenz potenzielle Besucher, bspw. durch das Verteilen von Flyern, umworben werden.[235]

2. *Öffentlichkeitsarbeit*
Dieses Instrument befasst sich mit der Erstellung von Programmen, Presseinfos, Internetauftritt, dem rechtzeitigen Versenden von Presse-Infos, sowie dem konstanten und vertrauensvollen Kontakt zu den Medien und Journalisten.
Wesentlich ist, dass diese Arbeit kontinuierlich und langfristig gestaltet ist, der Zielgruppe ihren Nutzen verdeutlicht und den gesamten Inhalt der Veranstaltung wahrheitsgemäß transferiert. So ist es bei großen Events hilfreich, vorab Interviews mit den auftretenden Künstlern durchzuführen und diese der Öffentlichkeit bereitzustellen.[236]

3. *Verkaufsfördernde Maßnahmen*
Um die Presse auf die Veranstaltung aufmerksam zu machen lohnt es sich häufig, Werbegeschenke, bspw. in Form von Promotion CDs, zu versenden. Dies kann die beschenkten Personen dazu bringen, in der öffentlichen Presse über die Veranstaltung zu berichten und somit weitere Besucher zu locken. Die Verlosung von Eintrittskarten über den Veranstalter selber oder über Radiostationen oder Internetseiten wirkt ebenso verkaufsfördernd. Da bestimmte Besucher auf Exklusivität Wert legen, führt das Angebot von VIP-Tickets mit Zugang zu gesonderten Bereichen oder ähnlichen Vorteilen dazu, dass diese Zielgruppe am Event interessiert ist.[237]

6.3 Entwicklungsmöglichkeiten am Beispiel der Stadt Berlin

Die Stadt Berlin gilt als einer der Musikstandorte in Deutschland und ist international hochgeschätzt. In der Stadt befinden sich zahlreiche namenhafte Labels, Künstler, Verlage, Clubs und Konzerthäuser. Die Stadt gilt als hip, attraktiv und relevant. Das dort aufgebaute Netzwerk ist ein wichtiger Knotenpunkt für die weltweit immer mehr vernetzte Produktion, Nutzung und Wahrnehmung der Musik. Zudem trägt die Stadt mit ihren Innovationen dauerhaft zum Wachstum bei: Ein Bild der Stadt, welches der Verbreitung der Medien nicht entspricht. Aus diesem Grund hat sich eine Kommission zusammengetan, welche sich für ein neues kultur-, sowie wirtschaftspolitisches Bild Berlins einsetzt. Verschiedene Forderungen sind an die Berliner Politik gestellt worden. So soll die populäre Musik mit all ihren Facetten in die politische Strategie integriert werden. Des Weiteren wird der Ausbau Berlins mit Hilfe der populären Musik zu einer führenden Kultur- und Wirtschaftsmetropole gefordert. Als letzte Forderung an die Politik werden die Auflösung der inakzeptablen Benachteiligungen populärer Musik, sowie die Umgestaltung der Rahmenbedingungen des Handlungsfeldes gefordert.
Das Potenzial der Stadt ist groß, aber lt. der Kommission dennoch bislang größtenteils ungenutzt. Die Zahl Berliner Unternehmen mit einem Jahresumsatz von mehr als 16.700€ stieg von 2000 bis 2008 um ganze 48% auf 1.802 Stück. Die Umsätze der Clubs um 279,8% und die von Musikverlagen um 114%. Daran sind mittlerweile rund 13.000 sozialversicherungspflichtige Arbeitsplätze gebunden. Zur Umsatzsteigerung

---

235 Vgl. Graf, Christof: Kulturmarketing. Open Air und Populäre Musik, a. a. O., S. 315ff.

236 Vgl. Graf, Christof: Kulturmarketing. Open Air und Populäre Musik, a. a. O., S. 321.

237 Vgl. Graf, Christof: Kulturmarketing. Open Air und Populäre Musik, a. a. O., S. 324.

trägt hier der nationale und internationale Tourismus bei. Im Schnitt lässt jeder Gast 196,70€ pro Tag in Berlin.
Um die Ziele der Kommission in der Berliner Musikbranche zu erreichen, haben sich rund 400 Berliner Musik-Akteure zusammengeschlossen und folgende Kernaufgaben festgelegt:[238]

- „Sicherung und Weiterentwicklung der Infrastruktur,
- (Er-)Forschung und Entwicklung der ganzen Berliner Musikbranche
- (Nachwuchs-)Förderung der Künstler in ihren Wertschöpfungskontexten
- Professionalisierung der agierenden Akteure durch Aus- und Weiterbildung
- nationales und internationales Musik-Marketing für den Standort Berlin
- Lobbyarbeit in den Feldern Politik, Kultur und Wirtschaft"[239]

Die Initiatoren fordern Unterstützung und bitten um Kooperation mit der Politik. Der Produktionsstandort Berlin soll weiter ausgebaut und standortbezogene Strategien entwickelt werden, die zum Teil mit Förderungen und Investitionen der Stadt finanziert werden sollen. Denn lt. der Kommission werden sich diese Investitionen langfristig auf dem Arbeitsmarkt und bei den Steuereinnahmen bemerkbar machen.
Als konkrete Politikfelder werden die Kultur, die Stadtentwicklung und die Wirtschaft genannt.
Aus dem gesamten Konzept haben sich fünf Hauptforderungen ergeben:[240]

1. „Kulturpolitik muss populäre Musik/Popkultur als eigenständiges Kulturgut anerkennen und entsprechend handeln, (...)
2. Stadtentwicklung als Sicherungsinstrument der Kreativwirtschaft anerkennen und entsprechend handeln (...)
3. Langfristige Sicherung von Branchennetzwerken wie Clubcommission, Labelcommission sowie deren Dachorganisation Berlin Music Commission und ihrer Projekte (...)
4. Entwicklung von Finanzierungsinstrumenten zur Erschließung neuer Märkte (...)
5. Das Finanzierungsvolumen für die unter Pkt. 1-4 vorgestellten Maßnahmen soll sich an 10% der von der Musikbranche erwirtschafteten Landessteuereinnahmen orientieren"[241]

Natürlich zeigt das Beispiel der Stadt Berlin, dass die Musikindustrie in machen Bereichen dringend unterstützt werden muss. Allerdings stellt sich die Frage, warum Clubs oder Unternehmen, die in der Musikbranche tätig sind, sich nicht am Markt halten können. Nur weil keine ausreichenden Subventionen fließen? Berlin als eine der, wenn nicht sogar die, führende/n Musikstadt Deutschlands besitzt enormes Potenzial, das allerdings nicht nur durch Einflussnahme der Politik ausgeschöpft werden kann. Wirtschaftliches Arbeiten der Clubs, Labels usw. führt in anderen Städten ebenso zum Überleben der Unternehmen. Zwar mussten in Berlin bereits wenige Clubs aufgrund von Bauplänen der Stadt geschlossen werden, die nicht mit den Standorten der Clubs harmonisiert haben, jedoch stellt dies nicht zwangsweise eine Grundlage für finanzielle Unterstützung der Stadt dar.[242]

---

238 Vgl. Berlin-music-commission: Musik 2020 Berlin, Online im Internet: http://www.berlin-music-commission.de/113-1-MUSIK-2020-BERLIN.html, 11.11.2011.

239 Berlin-music-commission: Musik 2020 Berlin, Online im Internet: http://www.berlin-music-commission.de/113-1-MUSIK-2020-BERLIN.html, 11.11.2011.

240 Vgl. Berlin-music-commission: Musik 2020 Berlin, Online im Internet: http://www.berlin-music-commission.de/113-1-MUSIK-2020-BERLIN.html, 11.11.2011.

241 Berlin-music-commission: Musik 2020 Berlin, Online im Internet: http://www.berlin-music-commission.de/113-1-MUSIK-2020-BERLIN.html, 11.11.2011.

242 Eigene Darstellung.

7   Résumé

Über Techno wurde vor allem in den 90er Jahren in den Medien sehr stark berichtet. Verrückt gekleidete Jugendliche trafen sich auf den Straßen, an abgelegenen Orten oder gerade da, wo es ihnen passte, um diese neuartigen ‚Raves' zu veranstalten. Anfangs von der breiten Masse belächelt, entwickelte sich jedoch schnell eine ganze Szene daraus. Personen, die anders sein und somit auffallen, sich dem Alltag entziehen oder in eine Rolle schlüpfen wollten, repräsentierten die Szene. Einzelne Szeneanführer setzten sich dauerhaft für die Weiterentwicklung der Musik und der Szene ein. So entwickelten sich deutschlandweit typische Stilrichtungen der einzelnen Städte. Berlin, Frankfurt und München stellen hier die typischen Beispiele dar. Clubs von damals unbekannten DJs wurden eröffnet und haben sich in kürzester Zeit einen Namen erarbeitet. So wurde der Club ‚Omen' des DJs Sven Väth schnell zum Markenzeichen Frankfurter Techno-Musik und damit weltweit bekannt. Bei der Schließung des legendären Clubs im Oktober 1998 fand eine Party von Freitag bis Montagmorgen statt. Der Andrang der Besucher am Sonntag war so groß, dass der Club Lautsprecher auf die Straße stellte, damit auch die Personen, für die im Club kein Platz mehr war, tanzen konnten. Die Polizei sperrte daraufhin die Straße in der Innenstadt Frankfurts ab und griff nicht weiter ins Geschehen ein. Heutzutage ist meiner Meinung nach eine Akzeptanz solch einer Jugendkultur undenkbar.

Mit der Zeit wurde die elektronische Musik und deren Bestandteile nicht mehr als eine „vorübergehende Laune der Jugend" bezeichnet, sondern als ein fester Bestandteil in der Musikindustrie akzeptiert. Clubs in den einzelnen Städten wurden ebenso akzeptiert und etablierten sich. Festivals mit rein elektronischer Musik entstanden und haben sich teilweise bis heute gehalten. Typische Markenzeichen der Anfangszeit, wie das Tragen von verrückter Kleidung, haben sich jedoch auf Dauer nicht etabliert. Die Überzeugung für die Musik der Besucher von Veranstaltungen hat sich meiner Meinung nach ebenfalls zurückgebildet. Anfangs stand keine Marke im Vordergrund, die präsentiert wurde. Die Musik stand im Vordergrund. Heutzutage stehen Unternehmen mit ganzen Konzepten dahinter. Dabei tragen die in der Arbeit erwähnten Randgruppen einen großen Teil heutiger Megaevents bei. Sie stellen eine kaufkräftige Kundschaft dar. Da spielt leider oft nur noch die Gewinnerzielung eine Rolle. Rein kommt, wer zahlt. Die angebotenen Gesamtkonzepte benötigen verständlicherweise alle finanziellen Mittel, um sich eigenkräftig am Markt behaupten zu können und müssen daher große Kompromisse eingehen.

Die Krise der Musikindustrie hält dauerhaft an. Als Schuldiger wird hier größtenteils das Internet betrachtet. Illegale Downloadplattformen haben, keine Frage, erheblich zu Umsatzeinbußen beigetragen. Aus diesem Grund ist es nötig, die Käufer mit neuartigen Konzepten zu überzeugen. Das Live-Geschäft stellt das größte Potenzial dar. Festivals wachsen von Jahr zu Jahr und kleine Tagesveranstaltungen haben sich mittlerweile zu mehrtägigen Großveranstaltungen entwickelt. Wichtig ist, die Exklusivität der Events beizubehalten. Zwar werden immer neue Veranstaltungen entstehen und sich behaupten, damit sich die Szenegänger jedoch mit irgendetwas identifizieren können ist eine gewisse Beständigkeit von Nöten. Die Entwicklung von visuellen Effekten spielt hier eben so eine Rolle wie die Weiterentwicklung der Musik und der Hardware zum Spielen der Sets. Jedoch kann auch die Vermittlung vom positiven Gefühl des Kaufs einer Platte bis hin zum Einlegen und Abspielen gefördert werden. Es gibt zahlreiche DJs, die alle Platten in Form von Vinyl kaufen, die sie spielen. Das Stöbern in Plattenläden, das Anfassen der Platte und das Handtieren auf der Veranstaltung stellt für sie eine große Rolle dar.

Letzten Endes hat sich durch die Arbeit herausgestellt, dass ein positives Image das Entscheidende einer erfolgreichen Marke ist. Nur wenn die Konsumenten positiv zur Marke stehen, besuchen sie deren Events, begeistern Freunde, unterstützen die Marke auf digitalen Plattformen und sind somit bereit finanzielle Mittel aufzubringen, um die Marke konsumieren zu können. Dabei spielen sicherlich eine Menge anderer Faktoren eine sehr wichtige Rolle, denn ohne alle unterstützenden Prozesse kann keine Marke am Markt bestehen.

Es bleibt zu verfolgen, wie sich die Eventbranche zusammen mit der Musikindustrie weiter entwickeln wird. Da Musik jedoch in fast allen Kulturen einen hohen Stellenwert besitzt, wird sie nie ganz in den Hinterhalt geraten. Denn wie L. Stokowski schon gesagt hat; ist es nicht erforderlich, die Musik zu verstehen. Man braucht sie nur genießen.

Anhang

Anhang 1

Interview mit: Stefan Greumler
Datum: 19.10.2011
Ort: Frankfurt
Dauer: 40 Minuten
Grund für das Interview: Stefan nimmt seit vielen Jahren an elektronischen Tanzveranstaltungen teil und kennt die Szene grundlegend.

Paul Oczenaschek: Hallo Stefan. Vielen Dank, dass du dir die Zeit genommen hast, ein paar Fragen zu beantworten. Fangen wir direkt an. Wie lange hörst du nun schon elektronische Musik und was denkst du, wie lange wirst du ihr treu bleiben?
Greumler: Ich bin nun 23 Jahre alt und höre seit ich 14 Jahre alt bin House Musik. Damit habe ich damals den Einstieg zur elektronischen Musik gewagt. Mit 16 Jahren war ich dann das erste Mal im U60311 in Frankfurt. Seit dem gehe ich in Techno Clubs. Ich möchte mal nicht davon ausgehen, dass diese Musik irgendwann ausstirbt, aber sicher wissen kann man das nie. So lange die Szene bestehen bleibt, werde ich mit der Welle weiter schwimmen. (*lacht*)

Oczenaschek: Was ist deiner Meinung nach die Zielgruppe der elektronischen Musik?
Greumler: Ich denke, diese doch sehr spezielle Musikrichtung spricht die Altersgruppe der 20-30 jährigen an. Natürlich gibt es auch einige Leute, die, auch wenn sie schon älter sind, ihre Begeisterung dafür zeigen.

Oczenaschek: Welche sozialen Schichten werden von dieser Musik angesprochen?
Greumler: Definitiv alle Schichten. Ich habe noch keine Party erlebt, an welcher nur eine Schicht teilgenommen hat.

Oczenaschek: Welche Stellung hat die elektronische Musik in deinem Leben?
Greumler: Ich höre sehr gerne Musik und speziell die elektronische Musik hat eine sehr große, bedeutende Stellung. Es ist meine Lieblingsmusik. Ich höre sie zum Entspannen oder um Party zu machen. Die Musik gibt mir den Ausgleich zum Job und Studium. Ich kann am Wochenende mit der Musik vom Alltag abschalten und Spaß haben.

Oczenaschek: Würdest du dich als „zugehörig zur Club-Szene" beschreiben?
Greumler: Da ich nicht jedes Wochenende in Clubs unterwegs bin, würde ich mich zur Randszene zählen. Für die Kernszene stehe ich zu weit außen vor. Mit dieser Position bin ich allerdings auch total zufrieden.

Oczenaschek: Wo du gerade vom Alltag sprachst. Ab wann würdest du sagen, besteht eine Flucht aus dem Alltag? Was muss die Party an sich oder die Location ausmachen?
Greumler: Ich finde es toll, wenn die Location außerhalb der Stadt liegt. Das muss nicht dramatisch weit im Wald sein, ein paar Meter außerhalb reichen aus. Vielleicht in einem schönen Garten, umsäumt von Bäumen. Es muss das Gefühl entstehen, dass man unter sich ist, dass man aus sich raus gehen kann. Die Leute erscheinen nicht, um sich präsentieren zu wollen, sondern viel mehr, um auf der Party zu sein, so wie man ist. Da denken alle das Gleiche. Man möchte die Musik genießen und Spaß mit anderen, vielleicht auch bis dahin unbekannten, Leuten haben.

Oczenaschek: Ein typisches Beispiel für diese Flucht stellen die Konzert-Festivals dar. Hast du Beispiele, die du darunter zählen würdest und wenn ja, warum?
Greumler: Ein ganz nettes Beispiel ist das ‚merkwürdige Verhalten im Grünen' bei Offenbach. Es besuchen gerade mal rund 1.000 Personen. Es ist wirklich klein und findet in einem gemütlichen Schrebergarten statt. Man erkennt immer ein paar Gesichter aus den Frankfurter Clubs und ist trotzdem noch anonym unterwegs. Jeder hat eine Decke dabei und macht es sich gemütlich in der Sonne. Man trinkt ein Bier mit Freunden, kauft sich eine Wurst und wenn man Lust hat, geht man ein paar Meter weiter nach vorne und tanzt zur Musik.

Oczenaschek: Wenn du von einem solch kleinen Festival sprichst, gehe ich davon aus, dass hier nicht viel Marketing in Form von Sponsoring, Werbung etc. zu finden ist. Auf größeren Veranstaltungen sieht das ja häufig ganz anders aus. Ab wann ist es deiner Meinung nach zu viel? Ab wann droht es dich förmlich zu erdrücken?
Greumler: Es gibt zum Beispiel bei dem love family park, jährlich vom Cocoon bei Hanau veranstaltet, einen großen Wandel. Vor 3-4 Jahren hat man das Sponsoring bedingt wahrgenommen. Zum Beispiel war Warsteiner für das Bier zuständig und hat deswegen alle Bierstände gestellt. Es gab ebenso Stände von Red Bull oder am Eingang hingen verschiedene Werbeplakat. Das war im Rahmen und noch absolut okay. Aber dann ist das alles ein wenig aus den Fugen geraten. Viele Unternehmen haben gesehen, dass hier viele Menschen erreicht werden können. So gibt es mittlerweile zahlreiche Zigarettenstände verschiedenster Marken, wo der Kundenkontakt aufgebaut werden soll. Es gibt Stände, wo man sich etwas angucken kann oder etwas umsonst mitnehmen kann, was aber alles eigentlich gar nicht mit der Party zu tun hat. Für mich ist das dann zu kommerziell und zu übertrieben. Das macht keinen Spaß mehr und hat nichts mit dem Ursprung des Events zu tun.

Oczenaschek: Der ‚love family park' wird, wie du eben sagtest, von der Marke Cocoon veranstaltet. Würdest du solche Musiklabels als Marken bezeichnen und diese auf Veranstaltungen auch als solche wahrnehmen?
Stefan Greumler: Ich nehme Musiklabels auf Veranstaltungen definitiv als Marke wahr und würde sie daher auch als solche bezeichnen. Mit einem Musiklabel verbindet man immer eine bestimmte Musikrichtung, welche das Label und somit die Marke repräsentiert. Als Beispiel eben die Marke Cocoon. Hier erscheint jährlich eine Compilation mit Liedern einer bestimmten Musikrichtung. Genau diese Musik spiegelt die Musik auf den Partys wider. Von daher kann man davon ausgehen, dass auf einer Party vom Cocoon auch genau diese Musik gespielt wird. Man weiß eben, was einen erwartet. Die Art der Musik ist demnach genau einem Label zugehörig und gilt als Wiedererkennungswert.

Oczenaschek: Haben Veranstaltungen eines Labels für dich Auswirkungen auf das Markenbild?
Greumler: Eine gute Party trägt sicherlich zum Meinungsbild einer Marke bei. Und wenn eine Veranstaltung schlecht organisiert war, dann bilde ich mir schon leicht mal ein schlechteres Bild der Marke. Wichtig finde ich immer die Optik der Location und die Preise. Die müssen fair sein. Zudem muss vom Veranstalter darauf geachtet werden, wen ich für die Party gewinnen will. Zwischen allen Besuchern muss ich mich wohl fühlen. Alle Faktoren müssen einfach dazu beitragen, dass ich mich wohl fühle.

Oczenaschek: Würdest du demnach ein bestimmtes Image, beispielsweise mit dem von dir angesprochenen Label ‚Cocoon', in Verbindung bringen und wenn ja, von was könnte dies geprägt werden auf den Veranstaltungen?
Greumler: Ich höre eigentlich nur eine Art von Musik. Minimal und Techno. Wir befinden uns hier im Rhein-Main-Gebiet und die sich hier befindenden mir bekannten Labels spiegeln ein Image von Naturverbundenheit oder Freisein wieder. Es geht darum, Partys zu veranstalten, auf denen man sich mit Freunden trifft und Spaß hat. Es gibt bestimmt auch andere Labels im Rhein-Main Gebiet, die sich auf andere Arten der elektronischen Musik spezialisieren, wie zum Beispiel Schranz oder Goa. Ich denke, diese Labels sprechen eine andere Zielgruppe an und wollen daher ein anderes Image vermitteln. Das Image selber wird meiner Meinung nach durch die Musik und die Party an sich geprägt. Während Cocoon mehr den Lifestyle und das „schick sein" durch die Gestaltung der Location, die Kleidung der Barangestellten oder die Auswahl der Zielgruppe präsentieren möchte, zielen Goa Labels eher auf versteckte Partys in dunklen Locations ab. Ich denke, die Wahl der Internetpräsenz und die Werbung der Events spielt hier ebenso ein große Rolle. Ich denke, eine Goa-Party wird nie im Radio umworben, während Cocoon mittlerweile jedes Wochenende in der Radiosendung Big City Beats angepriesen wird. Die Wahl der Kommunikationswege ist hier einfach verschieden.

Oczenaschek: Wo sollte sich deiner Meinung nach ein Label am Markt positionieren, um für dich interessant zu sein?
Greumler: Ich mag eine gesunde Mischung einer Party eines Labels, die sich jeder leisten kann, aber trotzdem noch auf den Kleidungsstil geachtet wird. Es soll sich kein Unwohlsein entwickeln, wenn sich nur mir fremde Leute mich herum befinden. Bei mir ist es immer eine gesunde Mischung aus schick und abgefuckt. (*lacht*) Zum Beispiel finde ich das U60311 in Frankfurt ein bisschen eigen. Wenn ich 1-2 mal im Jahr dort war, reicht mir das schon, da hier jeder erscheinen kann, egal wie kaputt er aussieht. Während hingegen das Robert Johnson in Offenbach oder der Cocoon Club in Frankfurt nicht jeden rein lässt. Hier sollte man schon eher auf sein Äußeres achten.

Oczenaschek: Bist du einer Marke des elektronischen Bereichs treu?
Genscher: Das kann ich von mir nicht behaupten. Ich besuche unterschiedliche Partys von verschiedenen Veranstaltern, je nach dem wo und wann sie stattfinden. Solange die Qualität der DJs stimmt, ist mir das egal.

Oczenaschek: Muss eine Veranstaltung eine bestimmte Besucherzahl erreichen um für dich interessant zu sein?
Greumler: Ich mag die kleinen Partys, sozusagen im „familiären Bereich", mehr als die Großen. Wenn ich einer Person über den Weg laufe und nach 10-20 Minuten wieder, gefällt mir das besser, als das große Anonyme. Das Kleine, Gemütliche ist eher mein Ding. Die ganzen großen Veranstaltungen, wie sie momentan im Kommen sind, mag ich auf Grund der Unpersönlichkeit nicht. Wenn man von den Türstehern oder der Barfrau nach dem 2. oder 3. Mal im Club wiedererkannt wird, finde ich das besser, als in der Menge einer Megaveranstaltung unterzugehen.

Oczenaschek: Auf Veranstaltungen werden oft Emotionen durch Musik, den Tanz, Interaktionen mit anderen Gästen oder durch Licht geweckt. Was sind dies für Emotionen?
Greumler: Ich finde das Gruppengefühl enorm wichtig. Neben der Musik, die allein schon Emotionen durch tiefe Bässe oder lustige Melodien weckt, ist dies das

Erfolgsgeheimnis von Sven Väth. Wenn er etwas macht, dann nicht nur für seine VIP's hinter sich, sondern er stellt sich vor die gesamte Menge und macht ihnen klar, dass sie nun zusammen Spaß haben werden. Das ist einfach genial. Somit schaut jeder nach vorne und fühlt sich als einen Teil des Ganzen. Wenn er sagt „Hände hoch!" dann macht da einfach jeder mit. Oder das so genannte „sitdown". Der DJ macht die Musik an einer Stelle, an der sich weniger Bass befindet, leiser und macht allen Leuten klar, dass sie sich hinknien sollen. Selbst wenn man gar nicht mitmachen will, kniet man sich irgendwann hin, weil man nicht der einzige sein will, der da blöd rum steht. Die Musik läuft währenddessen im Hintergrund leise weiter. Sobald der Beat einsetzt, dreht der DJ die Musik laut auf und alle Leute springen auf und tanzen viel wilder als zuvor. Das Gruppengefühl, dadurch, dass alle etwas gemeinsam machen, ist dann enorm. Alle haben Spaß an solchen Aktionen und behalten sie in Verbindung mit dem Event im Gedächtnis. Der Einsatz von aufwendigen Lichtanlagen ist für mich nicht unbedingt erforderlich, wenngleich sogar manchmal störend. Mir reicht es, wenn, wie Robert Johnson, eine Handvoll Neonröhren an der Decke hängen, die sich im Beat dezent ein und ausschalten. Hier wird die Aufmerksamkeit nicht auf andere Dinge als die Musik gezogen. Allerdings ist es für mich recht schwer, auf einer Party neue Freundschaften zu knüpfen, da ich dort diese Absicht nicht verfolge. Ich gehe mit Freunden weg, weil ich mich in diesem Umkreis wohl fühle. Da halte ich dann nicht nach anderen Leuten Ausschau. Wie in einer Beziehung eben! *(lacht)*

Oczenaschek: Gibt's es eine Marke deren Gesamtkonzept dich fasziniert, auch wenn du deren Veranstaltung nicht besuchst, weil du dich nicht angesprochen fühlst?
Greumler: Mich fasziniert die Nature One. Das ist meiner Meinung nach ein unglaublich überlaufenes Festival, welches jährlich von mehr als doppelt so vielen Menschen besucht wird, als eigentlich aufs Gelände passen. Einfach nur um da zu sein um das Flair des Campingplatzes zu erleben. Es herrscht ein Überfluss an Werbung, welche die jungen Leute ansprechen soll. Ich finde es erstaunlich, dass es wächst und wächst. Keiner sagt, „okay, jetzt reicht es. Hier geht's nur noch um Verkaufen und gelegentliches Musik hören...", aber trotzdem funktioniert es irgendwie.

Oczenaschek: Spielt das Corporate Design einer Marke, sprich Flyer, Website, Tickets etc. eine Rolle für dich?
Greumler: Weniger. Da geht es mir eher um die Gestaltung der Location. Falls eine Internetseite nicht so gut gemacht ist, finde ich das nicht schlimm, so lange die Musik auf der Veranstaltung stimmt. Ich würde also auch auf eine Veranstaltung eines Labels gehen, die eine schlechte Seite hat und mir vor Ort eine Meinung bilden.

Oczenaschek: Welche Arten von Clubs unterscheidest du und was sind die Gründe für den Erfolg? Gibt es welche, die dich davon mehr ansprechen?
Greumler: Grundsätzlich muss man nach der Musikrichtung unterscheiden. Möchte man Hip Hop, Mainstream oder eben elektronische Musik hören. Im Bereich der rein elektronischen Musik in Form von Techno gibt es meiner Meinung nach wenige Clubs in unserem Gebiet, in denen man schick feiern geht. Früher konnte man hier den Cocoon Club dazuzählen, wobei sich das in den letzten Jahren geändert hat. Man muss sich klar sein, unter welchem Klientel man sich aufhalten will. Während man im U60311 nicht so aufs Äußere achtet und der Konsum fragwürdiger Mittel nicht abwegig erscheint, trifft man im Cocoon mittlerweile eine Gruppe von Feiernden, die einfach in den Club kommen, weil sie mal davon gehört haben, dass es ein guter Club sein soll und sich ihre eigene Meinung bilden wollen. Im Robert Johnson, meinem Favoriten,

findet man hingegen eine sehr gemischte, alternative und zum Teil sehr geschlossene Gesellschaft, in die man nicht so leicht aufgenommen wird. Hier würden Neulinge der Feierbranche die Besucher eher als komisch beschreiben, die Leute im U hingegen als unerträglich, während sie sich im Cocoon pudelwohl fühlen würden. Das Klientel ist hier eben sehr entscheidend.

Oczenaschek: Was machen Artists deiner Meinung nach aus und wie bringen sie sich in die Kreativwirtschaft ein? Behaupten sie sich deiner Meinung nach und welche Rolle spielen sie?
Greumler: Wenn ich Werbeagenturen wie Saatchi Saatchi auch in die Kreativwirtschaft einbinde, würde ich behaupten, dass Musik-Artists eine kleinere Rolle spielen. Es gibt definitiv weltbekannte Musiker wie Shakira, die eine Menge an Menschen anziehen. Hierfür fahren Fans viele Kilometer, um sich ein Konzert anzuhören. Hier bin ich mir sicher, dass das Label und auch die Musikerin viel Geld durch Ihre Arbeit erwirtschaften. Betrachtet auf den elektronischen Bereich, gibt es wenige Größen, die solch einen Hype erreichen. Im deutschen Bereich sind jedoch Sven Väth und auf internationaler Ebene Armin van Buuren ein Beispiel dafür. Die meisten DJs, und somit auch die, die im Rhein-Main Gebiet auflegen, sind allerdings eher lokal bekannt. Ich würde daher behaupten, dass der Anteil dieser DJs an der gesamten Kreativwirtschaft daher recht gering ausfällt. Ich denke daher, dass für die Kreativwirtschaft eher Unternehmen wie Saatchi Saatchi aus Frankfurt eine wertmäßig große Rolle spielen. Behaupten tun sich die Musiker durch Ihre Musik. Wenn diese nicht von den Interessenten gefragt ist, dann kann sich ein DJ nicht lange auf hoher Ebene halten. Eine weitere Rolle, um sich behaupten zu können, ist das Image. Man kennt ja die angeblichen Verfeindungen unter Rappern. Jeder hasst den anderen und ist ein krasserer Gangster. Ich denke auch hier gibt das Musiklabel dieses Image vor, um die Musiker für bestimmte Zielgruppen am Markt interessanter wirken zu lassen. So wird Sven Väth zum Beispiel als „der Papa" gesehen. Wenn er auf einer Party auflegt, dann weiß man, dass er Spaß am Auflegen hat und das auch zeigt. Er tanzt auf den Tischen, schreit ein bisschen rum und verbreitet gute Laune. Die Show, die er als große Persönlichkeit bietet, unterhält die Leute. Durch die Ausstrahlung des Individualismus wird er für die Menschen interessant und grenzt sich von der großen Masse an DJs dieser Branche ab. Lokal wäre zum Vergleich DJ Karrotte zu nennen. Allein durch den bescheuerten Namen zieht er die Aufmerksamkeit überall auf sich. Auf den Partys steht er dann oft total betrunken auf der Bühne. Er ist einfach eine Gestalt, die man auch dort antrifft, wo er gerade nicht auflegt. Er unterscheidet sich einfach durch seine Art und Weise von anderen DJs.

Oczenaschek: Welche Absatzwege sind für elektronische Musik deiner Meinung nach interessant und welche davon nutzt du selber?
Greumler: Onlinestores sind mittlerweile recht interessant für die DJs, da es ihnen erlaubt, gezielt ein Track zu kaufen. Sie müssen nicht das ganze Album erwerben und den entsprechenden Preis zahlen, wenn sie eigentlich nur ein Lied davon haben möchten. Da allerdings manche Clubs die Vinyl nicht aussterben lassen wollen und sie als Musikmedium vorschreiben, sind auch die guten alten Vinylstores nicht wegzudenken. Diese findet man heute noch vereinzelt in größeren Städten. Für die Werbung einer Party dienen die sozialen Netzwerke, wie z.B. facebook. Neuerdings kann man dort sogar die entsprechenden Tickets erwerben, was mir neu war. Die Handhabung ist kinderleicht und fast jeder Jugendliche besucht diese Seiten öfters in der Woche. Die Veranstalter können Gruppen erstellen und Infos an alle Gruppenmitglieder senden, um diese auf dem aktuellen Stand zu halten. Nebenbei kaufe

ich die Tickets auch noch in regulären E-Ticket stores, wie www.eventim.de oder www.tixforgigs.com oder auch ganz klassisch an einer Vorverkaufsstelle.

Oczenaschek: Meinst du, dass diese sozialen Netzwerke einen großen Einfluss auf die Verbreitung der Marke haben? Einen größeren als die eigene Homepage?
Greumler: Die sozialen Netzwerke sind wichtig, mindestens für alle Vorabinfos. Hier surft ja, wie eben schon gesagt, fast jeder Jugendliche. Entweder verlässt man sich darauf, sein Augenmerk darauf zu werfen und Hintergrundinfos auf der eigenen verlinkten Homepage bereit zu stellen, oder man möchte die User nur über die sozialen Netzwerke auf die eigene Seite bringen. Diese Netzwerke haben allerdings den Vorteil, dass man Freunde zu Veranstaltungen einladen und andere Dinge direkt untereinander machen kann. Dies kann man sowohl positiv als auch negativ betrachten. Vorteile für die Verbreitung von Veranstaltungen hat es allemal. Man erreicht mit wenig Aufwand eine Menge Menschen.

Oczenaschek: Gibt es Kommunikationswege dieses Musikbereichs die dich nerven?
Greumler: Neben der manchmal übertriebenen „Flyer-Kultur" nerven mich E-Mail Newsletter. Für mich ist meine E-Mail Adresse etwas Privates. Hier möchte ich keine Newsletter erhalten. Wenn ich Infos benötige, dann suche ich mir diese selber.

Anhang 2

Interview mit: Tim Reuter
Datum: 18.10.2011
Ort: Altendiez
Dauer: 35 Minuten
Grund für das Interview: Tim ist seit Jahren ein DJ der elektronischen Musik. Er stand schon vor großen Menschenmengen auf der Bühne und kann daher die Szene aus Sicht der DJs gut vertreten.

Oczenaschek: Wie lange hörst du nun schon elektronische Musik und was denkst du, wie lange wirst du ihr als DJ treu bleiben?
Reuter: Seitdem ich 14 Jahre alt bin höre ich nun elektronische Musik, also mittlerweile gute 9 Jahre. Ihr treu bleiben möchte ich, solange ich kann. Jedoch werde ich mit steigendem Alter die Art der elektronischen Musik, die ich zur Zeit höre, bestimmt nicht mehr auf Veranstaltungen hören. Ich werde dann im Alter von 45-50 Jahren eher zu deep house oder anderer ruhigerer Musik wechseln.

Oczenaschek: Was ist deiner Meinung nach die Altersgruppe, die deine Musik hört?
Reuter: Ich denke, dass man die Hörer meiner Musik nicht in bestimmte Altersgruppen einteilen kann. Es gibt sicherlich über 50 jährige, die Spaß an der Musik und am Feiern haben und deswegen auf den Veranstaltungen immer wieder erscheinen. Die Feierkultur hat einfach in den 90ern mit ein paar Leuten begonnen, die einfach anders sein wollten. Da waren einfach alle Arten von Menschen dabei. Und so ist das auch heute noch. Jedoch liegt der Fokus sicherlich auf den Personen von 16-30 Jahren.

Oczenaschek: Für dich als Dj stellt die elektronische Musik bestimmt einen hohen Stellenwert in deinem Leben! Sehe ich das richtig?
Reuter: Das ist auf jeden Fall korrekt. Ich begann früher auch als Konsument mit dem Einhören in diesem Musikbereich und habe erst später damit begonnen, ein bisschen rumzuexperimentieren. Ich habe mir Titel aus dem Internet heruntergeladen, von welchen ich genau wusste, dass mir nur ein Stück daraus gefällt. Dann habe ich bestimmte Segmente zusammengefügt, weil ich gehört habe, dass der Bass nun genau zu dieser Tonspur passt. Dieses Puzzeln hat mir Spaß gemacht und ich wusste, dass darin ein Teil meiner Zukunft liegt.

Oczenaschek: Ab wann würdest du sagen, besteht eine Flucht aus dem Alltag? Was muss die Party an sich oder die Location ausmachen?
Reuter: Zu allererst kommt es auf jeder Party immer erst einmal auf die Leute an. Wenn du nette Leute um dich herum hast, dann kannst du immer viel einfacher aus etwas flüchten, als wenn du das alleine versuchst. Wenn man alleine in irgendeinen Club geht, kann das meiner Meinung nach nicht funktionieren, da etwas fehlt. Arbeitskollegen oder nahe Verwandte im Club sind da ebenso ein Störfaktor. Man braucht Freunde um sich herum, unter denen man sich gehen lassen kann. Keiner, der direkt sagt, „der hat se doch nicht mehr alle!" oder mit dem Finger auf einen zeigt. Das Gruppengefühl finde ich sehr wichtig, genauso wie das Abstrakte. Wenn eine Afterhour an einem Ort stattfindet, der nicht mal unbedingt sehr schön ist, macht das gar nichts. Es geht darum, mit den richtigen Leuten und der richtigen Musik einfach abzufahren, egal wo das ist. Die genaue Location spielt da keine Rolle.

Oczenaschek: Ein typisches Beispiel für diese Flucht stellen die Konzert-Festivals dar. Hast du Beispiele, die du darunter zählen würdest und wenn ja, warum?
Reuter: Ganz bekannte Beispiele sind die Time Warp in Mannheim oder Green & Blue in Obertshausen. Hier herrschen dann ganz andere Gesetze als im Club. Der Unterschied für einen DJ liegt hier in seinem Set. Während du die Leute im Club auch mal ein paar Minuten veräppeln kannst, indem du ein bisschen Gedudel spielst und sie somit auf eine imaginäre Reise mitnimmst, ist das auf einem Festival ganz anders. Hier können die Leute bei größeren Veranstaltungen einfach mal schnell die Bühne wechseln. Es liegt viel mehr an der Laune des Publikums. In einem kleinen Club kann ich viel verspielter und tiefer in die Musik einsteigen, weil es dunkel ist und der Bass laut wummert. Auf Festivals will man da doch eher eine positive Stimmung durch Sommerlieder erzeugen, bei der die ganze Menge mitgeht. Es ist was anderes, wenn 5.000 Leute auf einem Open-Air schreien, als wenn immer die gleichen 5 Leute im Club pfeifen. Wenn 5.000 Leute auf einem Festival schreien und die Arme in die Höhe strecken, dann vermittelt das ein so positives Gefühl, dass man einfach die Arme mit in die Luft strecken muss.

Oczenaschek: Ab wann ist es deiner Meinung nach zu viel Sponsoring auf Events dieser Art? Ab wann droht es dich förmlich zu erdrücken?
Reuter: In denke das hängt von der Veranstaltung ab. Wenn du auf eine kleine Veranstaltung gehst, dann möchtest du keine Getränkebecher mit großem Werbedruck, oder Barpersonal, das dir das neue Bier der Marke XY vorstellt. So etwas wäre zu viel. Wobei hingegen Red Bull Stände auf der Time Warp für den Veranstalter überlebenswichtig sind. Ohne Sponsoren können so große Events nicht auf die Beine gestellt werden.

Oczenaschek: Würdest du Musiklabels als Marken bezeichnen und unterzeichnen, dass diese auch als Marke präsentiert werden?
Reuter: Auf jeden Fall sind Labels Marken und bringen genau die gleichen Eigenschaften einer Produktmarke mit sich. Das heißt, es gibt ein Mehrversprechen, das die Marke nach außen tragen soll. Ich finde dies bei den Musiklabels sogar sehr extrem. Zum Beispiel das Label Cocoon. Die Interessenten dieser Musik kaufen neue Titel des Labels einfach nur, weil es unter Cocoon erscheint. Die Ikone Sven Väth oder der Cocoon Club an sich hat das Label bekannt gemacht. Die Leute kaufen die Tracks, ganz egal ob sie sie gut finden oder nicht. So entsteht meiner Meinung nach der ganze Hype um solch eine Marke. Die Leute werden Fans von dem Label einfach nur, weil ein weltbekannter DJ dahinter steht.

Oczenaschek: Sollen Veranstaltungen des Labels Auswirkungen auf das Markenbild haben, wenn ja, wie?
Reuter: Das Label Cocoon ist für mich so, als wenn ich über das Unternehmen Apple sprechen würde. Die Ikone Sven Väth hat geschafft, dass das Label der Aufhänger der Party ist. Da geht es natürlich um abgefahrene Musik, aber ebenso um verrückt gekleidete Tänzerinnen oder Roboter, eine geschmückte Location, eine Lasershow oder geschultes Barpersonal. Da spielt alles eine Rolle. Es ist keine Veranstaltung, die jedes Wochenende stattfindet. Wenn Cocoon eine Party veranstaltet, dann steht das für eine bestimmte Qualität.

Oczenaschek: Wo sollte sich deiner Meinung nach ein Label am Markt positionieren um für dich interessant zu sein?
Reuter: Für mich ist es absolut uninteressant, wie der Name des Labels ist oder wo es sich am Markt positioniert, wenn ich mir neue Tracks anhöre. Ich selektiere die Musik rein nach meinem Geschmack. Es ist Musik, die mir gefällt und von der ich weiß, dass sie auch meinen Zuhörern gefällt und tanzbar ist. Ich denke allerdings, dass oft Lieder von großen Labels in den Charts weit oben sind, weil sie aufgrund des Labels gekauft werden und nicht, weil die Lieder so gut sind. Das finde ich schade. Die großen Labels haben hier einen Vorteil gegenüber kleinen.

Oczenaschek: Bist du einer Marke des elektronischen Bereichs treu?
Reuter: Wenn ich mich nach neuer Musik umschaue, dann habe ich schon ein paar Lieblingslabels, bei denen ich immer zuerst schaue. Allerdings verändert sich die Musik, auch die der Labels, dauerhaft, sodass ich in ein paar Jahren vielleicht schon ganz andere Labels bevorzuge. Ich denke jedoch, dass jedes Label für eine Art von Musik steht und somit auch ein Image besitzt.

Oczenaschek: Welche Absatzwege sind für elektronische Musik deiner Meinung nach interessant und welche davon nutzt du selber?
Reuter: Als ich mit dem Musik machen begann, gab es noch keine großen legalen download Plattformen. Ich kaufte meine Musik in Form von CDs bei Onlinekaufhäusern oder versuchte, gute Musik in normalen Kaufhäusern zu finden. Das Problem hierbei war allerdings, dass die meisten CDs aus Mixen bestanden. Die unveränderte Version des Liedes war noch nicht mal unbedingt auf der CD zu hören. Später bin ich dann auf die gute alte Vinyl umgestiegen und begann meine Platte in Plattenläden größerer Städte zu kaufen. Heutzutage würde ich behaupten, dass, abgesehen von ein paar treuen Vinyl-DJs, die meiste Musik bei legalen Online Music Stores in Form von Dateien gekauft und runtergeladen wird.

Oczenaschek: Muss eine Veranstaltung eine bestimmte Besucherzahl erreichen, um für dich als DJ interessant zu sein?
Reuter: Es reizt natürlich mehr, auf größeren Veranstaltungen zu spielen, auf denen man mehr Personen auf einmal erreichen kann. Allerdings bieten kleinere Clubs mit weniger Leuten ebenso einen Anreiz, da hier die Stimmung viel schneller überkochen kann, als auf einem großen Event. Da muss dann in der Regel schon ein großer Name auf der Bühne stehen, damit die Menge komplett ausrastet. Es spielt auch eine Rolle, wer du bist und wie du dich gibst. Die Musik allein macht nicht alles aus. In einem Szeneladen achten die Leute viel mehr darauf, was du spielst. Sie sind kritischer. Für mich sind daher 1.000 Besucher auf engem Raum viel interessanter als 5.000 Leute auf einem riesigen Festival.

Oczenaschek: Auf Veranstaltungen werden oft Emotionen durch Musik, den Tanz, Interaktionen mit anderen Gästen oder durch Lichteffekte geweckt. Was sind dies für Emotionen? Sprechen dich alle gleichermaßen an?
Reuter: Ich muss sagen, dass ich die ersten 20-30 Minuten eines Sets in meiner eigenen Welt bin. Ich bekomme von der Außenwelt recht wenig mit. Ich bin in dieser Zeit motorisch in meine Arbeit versteift, weil ich alles richtig machen will. Die ersten beiden Lieder müssen von der Menge angenommen werden und mir zeigen, dass ich alles richtig mache. Nach diesen Minuten beginne ich dann, die ganzen Emotionsgeber zu identifizieren. So ist es dann interessant für mich zu sehen, dass bei bestimmten Tracks alle rum machen, die Augen schließen, die Hände in die Luft strecken oder einfach rum

hüpfen. Gerade das Rumschreien oder das Hände in die Luft strecken ist ein Ansporn für mich, da ich so erkenne, dass die Musik gut ist.

Oczenaschek: Spielt das Corporate Design einer Marke, sprich Flyer, Website, Tickets etc. eine Rolle für dich?
Reuter: Aus Sicht des Konsumenten dient das Design als Wiedererkennungsmerkmal. Man erkennt sofort, welche Marke dahinter steht und kann sich so recht schnell eine eigene Meinung bilden. Als DJ ist es für die Auswahl meiner Lieder nicht ausschlaggebend, wie das Design gestaltet wurde. Im Gegenteil, es kann mich abschrecken, wenn ein Label ein super Corporate Design hat, da dies darauf schließen könnte, dass es sich um ein Kommerz-Label handelt. Häufig haben gute Underground-Label nicht das Geld oder die Zeit, um sich ausführlich und gut designt zu präsentieren.

Oczenaschek: Welche Arten von Clubs unterscheidest du und was sind die Gründe für den Erfolg? Gibt es welche, die dich davon mehr ansprechen?
Reuter: Grundsätzlich verfolgen alle Clubs das Ziel des Umsatzes. Man muss jedoch erst mal nach der Art des Clubs unterscheiden. Kommerz oder Underground. Spielt der Club jeden Abend die gleichen Lieder oder ist Abwechslung im Spiel. Wird Abwechslung überhaupt akzeptiert? So kann man in der U-Bar 311 keinen Jazz oder Polka spielen, weil es ein rein elektronischer Club ist. Innerhalb der elektronischen Musik gibt es allerdings auch hier Unterschiede, die akzeptiert werden. Für mich bieten Clubs, die innerhalb eines gewissen Rahmens tolerant sind und somit eine Plattform für Neuerungen bieten, immer mehr Anreiz, als Diskos, in denen jeden Abend die gleiche Musik läuft. Wenn Sven Väth auf der Afterhour in der Vinylbar Louis Armstrong oder Polka spielt, weil es eben passt und die Leute abgehen, dann hat da keiner etwas dagegen. So etwas finde ich einfach toll.

Oczenaschek: Was machen Artists deiner Meinung nach aus und wie bringen sie sich in die Kreativwirtschaft ein? Behaupten sie sich deiner Meinung nach und welche Rolle spielen sie?
Reuter: Generell müssen alle Musiker, die nicht unter Vertrag bei einem Label stehen, versuchen, sich durch eine eigene Partyreihe oder durch einen Club, der hinter ihnen steht, bekannt zu machen. Glück haben die, die von einem Label entdeckt werden und dort mit einsteigen dürfen. Jedoch haben so genannte ‚one-hit-wonder' meiner Meinung nach nicht viel Kraft in den Aufstieg investiert. Viele davon waren bestimmt gut, aber da hat das Label die restliche Arbeit erledigt. Ich denke, es ist schwierig sich ohne selbst aufgebaute Fan-Community in der heutigen Zeit zu behaupten.

Literaturverzeichnis

1. **Adjouri, Nicholas**: Die Marke als Botschafter, Wiesbaden: Betriebswirtschaftlicher Verlag Dr. Th. Gabler GmbH 2002.

2. **Adlwarth, Dr. Wolfgang**: Wohin bewegt sich der Markt?, in: Initiative Kultur- und Kreativwirtschaft. Branchenhearing Musikwirtschaft am 5. Mai 2009 im Radialsystem in Berlin, Hrsg.: Bundesministerium für Wirtschaft und Technologie, Berlin: Michael Vagedes GmbH 2009.

3. **Berlin-music-commission**: Musik 2020 Berlin, Online im Internet: http://www.berlin-music-commission.de/113-1-MUSIK-2020-BERLIN.html, 11.11.2011.

4. **Bode, Andreas; Mueller, Christopher**: Mit Medienmusik erfolgreich in der Kreativwirtschaft, München: Musikmarkt GmbH & CO. KG 2010.

5. **Bohne, Tom**: Vom Newcomer zum Popstar, in: Initiative Kultur- und Kreativwirtschaft. Branchenhearing Musikwirtschaft am 5. Mai 2009 im Radialsystem in Berlin, Hrsg.: Bundesministerium für Wirtschaft und Technologie, Berlin: Michael Vagedes GmbH 2009.

6. **Bremshey, Peter; Domning, Ralf**: Eventmarketing. Die Marke als Inszenierung, Wiesbaden: Betriebswirtschaftlicher Verlag Dr. Th. Gabler GmbH 2001.

7. **Büttner, André; van der Ree, Ivo**: Event- und Szenemarketing. Hintergründe, Strategien und Perspektiven, Berlin: VDM Verlag Dr. Müller e. K. 2005.

8. **Bundesverband Musikindustrie**: Gesamtmarktentwicklung, Online im Internet: http://www.musikindustrie.de/typo3temp/pics/c70e2b7e23.jpg, 29.11.2011.

9. **Bundesverband Musikindustrie**: Umsatzanteile der Handelsformen am Musikverkauf, Online im Internet: http://www.musikindustrie.de/typo3temp/pics/c345c3ca97.jpg, 29.11.2011.

10. **Creative Commons**: Was ist CC?, Online im Internet: http://de.creativecommons.org/was-ist-cc/, 23.10.11.

11. **Deutsches Musikinformationszentrum**: Bevorzugte Musikrichtungen nach Altersgruppen 2009, Online im Internet: www.miz.org/intern/uploads/statistik31.pdf, 03.08.2010.

12. **Deutsches Musikinformationszentrum**: Gründungsjahre der Festivals in Deutschland, Online im Internet: www.miz.org/intern/uploads/statistik89.pdf, 15.03.2007.

13. **Deutsches Musikinformationszentrum**: Umsatzanteile der Repertoirekategorien auf dem Tonträgermarkt, Online im Internet: www.miz.org/intern/uploads/statistik32.pdf, 24.03.2010.

14. **Deutsches Musikinformationszentrum**: www.miz.org, Statistiken zu Musikwirtschaft, Unternehmen und Umsätze in der Musikwirtschaft und im Phonomarkt in Deutschland 2000-2008, Stand 11.03.2010.

15. **Der Beauftragte der Bundesregierung für Kultur und Medien,** in: Initiative Kultur- und Kreativwirtschaft. Branchenhearing Musikwirtschaft am 5. Mai 2009 im Radialsystem in Berlin, Hrsg.: Bundesministerium für Wirtschaft und Technologie, Berlin: Michael Vagedes GmbH 2009.

16. **Deutsches Musikinformationszentrum**: Gesamtumsatz des Tonträgermarktes in der Bundesrepublik Deutschland, Online im Internet: www.miz.org/intern/uploads/statistik46.pdf, 08.04.2010.

17. **Deylen, Christopher**: Ökonomische Realitäten von Komponisten, Künstlern und Produzenten in der digitalen Welt, in: Initiative Kultur- und Kreativwirtschaft. Branchenhearing Musikwirtschaft am 5. Mai 2009 im Radialsystem in Berlin, Hrsg.: Bundesministerium für Wirtschaft und Technologie, Berlin: Michael Vagedes GmbH 2009.

18. **Engh, Marcel:** Popstars als Marke. Identitätsorientiertes Markenmanagement für die musikindustrielle Künstlerentwicklung und- vermarktung, Wiesbaden: Deutscher Universitäts-Verlag 2006.

19. **Festivalfieber.de**: Gründungsjahre – Wann wurden welche Festivals gegründet?, Online im Internet: http://www.festivalfieber.de/festivals-nach-gruendungsjahren, 18.10.2011.

20. **Festivalhopper**: Melt! Festival 2012, Online im Internet: http://www.festivalhopper.de/festival/tickets/time-warp-2011.php, 09.11.2011.

21. **Festivalhopper**: Time Warp 2011, Online im Internet: http://www.festivalhopper.de/festival/tickets/time-warp-2011.php, 26.09.2011.

22. **Fries, Joachim:** Techno und Konsum – Chancen der bedeutendsten Jugendbewegung der neunziger Jahre für das Marketing, Frankfurt: Forschungsgruppe Konsum und Verhalten 1996.

23. **Fusion Festival**: Fazit 2011, Online im Internet: http://www.fusion-festival.de/de/2011/festival/fazit-2011/, 26.09.2011.

24. **Gerstenberg, Frank**: Somewhere Over the Rainbow, Online im Internet: http://www.stern.de/panorama/gedenkfeier-zur-loveparade-katastrophe-somewhere-over-the-rainbow-1709527.html, 24.07.2011.

25. **Gorny, Dieter**: Keynote, in: Initiative Kultur- und Kreativwirtschaft. Branchenhearing Musikwirtschaft am 5. Mai 2009 im Radialsystem in Berlin, Hrsg.: Bundesministerium für Wirtschaft und Technologie, Berlin: Michael Vagedes GmbH 2009.

26. **Graf, Christof:** Event-Marketing. Konzeption und Organisation in der Pop Musik, Wiesbaden: Deutscher Universitätsverlag GmbH 1998.

27. **Graf, Christof:** Kulturmarketing. Open Air und Populäre Musik, Wiesbaden: Deutscher Universitäts-Verlag GmbH 1995.

28. **Greiner, Hubl**: Labels/Vertriebe, Online im Internet: http://www.hg11.com/de/musik/labels-vertriebe/index.html, 16.10.2011.

29. **Heinz, Rebecka**: Anzahl illegaler Alben-Downloads gestiegen, Online im Internet: http://www.musikindustrie.de/politik_einzelansicht0/back/110/news/anzahl-illegaler-alben-downloads-gestiegen/, 30.08.2011.

30. **Herbrand, Nicolai O.**: Schauplätze dreidimensionaler Markeninszenierung. Innovative Strategien und Erfolgsmodelle erlebnisorientierter Begegnungskommunikation, Stuttgart: Edition Neues Fachwissen GmbH 2008.

31. **Initiative Kultur- und Kreativwirtschaft der Bundesregierung**: Kultur- und Kreativwirtschaft, Online im Internet: http://kultur-kreativ-wirtschaft.de/KuK/Navigation/Initiative/ziele,did=327880.html, 04.12.2011.

32. **Initiative Kultur- und Kreativwirtschaft der Bundesregierung**: Kultur- und Kreativwirtschaft, Online im Internet: http://kultur-kreativ-wirtschaft.de/KuK/Navigation/kultur-kreativwirtschaft,did=329922.html, 04.12.2011.

33. **Initiative Kultur- und Kreativwirtschaft der Bundesregierung**: Kultur- und Kreativwirtschaft, Online im Internet: http://kultur-kreativ-wirtschaft.de/KuK/Navigation/kultur-kreativwirtschaft,did=336038.html, 04.12.2011.

34. **Janson, Eva**: Die Geschichte der Loveparade, Online im Internet: http://www.en-mosaik.de/wp-content/pdf/Die%20Geschichte%20der%20Loveparade.pdf, 18.10.2011.

35. **JB**: sunshine live knackt die 200.000 „gefällt mir" – Marke bei Facebook!, Online im Internet: http://www.radioszene.de/31974/sunshine-live-knackt-die-200-000-gefaellt-mir-marke-bei-facebook.html, 22.11.2011.

36. **Kirchner, Babette**: Eventgemeinschaften. Das Fusion Festival und seine Besucher, Wiesbaden: Verlag für Sozialwissenschaften 2011.

37. **Klein, Gabriele**: Electronic Vibration. Pop Kultur Theorie, Wiesbaden: Verlag für Sozialwissenschaften 2004.

38. **Kreienbrink, Ingmar**: Techno-Party Mayday feiert mit „Twenty-Young" ihr Jubiläum in Dortmund, Online im Internet: http://www.derwesten.de/kultur/Techno-Party-Mayday-feiert-mit-Twenty-Young-ihr-Jubilaeum-in-Dortmund-id4326246.html, 24.02.2011.

39. **laut.de Redaktion**: laut.de-Biografie Kraftwerk, Online im Internet: http://www.laut.de/Kraftwerk, 13.10.2011.

40. **von Loewenfeld, Fabian**: Brand Communities – Erfolgsfaktoren und ökonomische Relevanz von Markengemeinschaften, Wiesbaden: Deutscher Universitäts-Verlag 2006.

41. **Lyng, Robert; Heinz, Oliver; v. Rothkirch, Michael**: Die neue Praxis im Musikbusiness, 11., komplett überarbeitete Auflage, Bergkirchen: PPVMEDIEN GmbH 2011.

42. **Meffert, Heribert**: Marketing. Grundlagen marktorientierter Unternehmensführung. Konzepte – Instrumente – Praxisbeispiele, 9. Auflage, Wiesbaden: Betriebswirtschaftlicher Verlag Dr. Th. Gabler 2000.

43. **Meffert, Heribert; Burmann, Christoph; Kirchgeorg, Manfred**: Marketing. Grundlagen marktorientierter Unternehmensführung. Konzepte – Instrumente – Praxisbeispiele, 10., vollständig überarbeitete und erweiterte Auflage, Wiesbaden: Betriebswirtschaftlicher Verlag Dr. Th. Gabler 2008.

44. **Messing, Christoph; Kilian Karsten**: Markenidentität, Positionierung und Image, Arbeitspapier 403, www.markenlexikon.com, 2004.

45. **Remmel, Daniel**: Alles nur geklaut – Wie schützt man die eigenen Songs?, Online im Internet: http://www.2sound.de/magazin/songs-schuetzen-einschreiben-notar.html, 20.10.2011.

46. **Schürig, Henning**: Markenidentität und Markenarchitektur, Online im Internet: http://www.henningschuerig.de/blog/2008/04/13/markenidentitaet-und-markenarchitektur/, 10.04.2008.

47. **Virtualnights**: Time Warp Mannheim, Online im Internet: http://www.virtualnights.com/events/time-warp/, 26.09.2011.

48. **Weidenmüller, Horst**: Die wirtschaftliche Bedeutung der Indies und ihre Benachteiligung im digitalen Markt, in: Initiative Kultur- und Kreativwirtschaft. Branchenhearing Musikwirtschaft am 5. Mai 2009 im Radialsystem in Berlin, Hrsg.: Bundesministerium für Wirtschaft und Technologie, Berlin: Michael Vagedes GmbH 2009.